LES DESSERTS DE JEAN-FRANÇOIS PIÈGE POUR TOUS

À Élodie, à Antoine,
mes amours.

LES DESSERTS DE JEAN-FRANÇOIS PIÈGE POUR TOUS

RECETTES SUPER FACILES POUR FAIRE AUSSI BIEN QUE LE CHEF

PHOTOGRAPHIES : NICOLAS LOBBESTAËL

STYLISME : MATHILDA MOTTE

hachette
CUISINE

SOMMAIRE

R COMME MES RECETTES DE BASE

INTRODUCTION

Ce livre, consacré aux desserts, est le deuxième volet d'une collection commencée il y a un an avec l'ouvrage *Jean-François Piège pour tous*.

Pour cet ouvrage, j'ai choisi de mettre en avant les desserts, ceux de tous les jours, ceux qui nous rappellent l'enfance. Avec des recettes simples, lisibles, peu de matériel mais beaucoup d'amour !

Parmi plus de 70 recettes, vous trouverez des idées pour le quotidien mais aussi pour les grandes occasions qui jalonnent notre vie : anniversaires, goûters d'enfants, soirées entre amis ou même juste pour le plaisir.

Rien de technique, rien de trop compliqué. En revanche, beaucoup de gourmandise et un peu d'huile de coude…

Ces recettes constituent mon patrimoine familial, elles sont issues de la mémoire de ma maman et de ma grand-mère, notamment l'île flottante que j'ai revisitée en blanc-manger : ma madeleine de Proust !

Toutes ces recettes réalisées en direct de ma propre cuisine ont été testées et approuvées par les experts en desserts que sont respectivement mon épouse et mon fils !

D

COMME
MES
DESSERTS D'ENFANCE

LA MOUSSE AU CHOCOLAT
DE MON MAÎTRE D'APPRENTISSAGE

Pour 8 ramequins | Préparation : 30 min | Cuisson : 5 min

INGRÉDIENTS

300 g de crème liquide
100 g de chocolat noir extra-bitter
50 g de cacao en poudre
80 g de sucre
5 jaunes d'œufs
5 blancs d'œufs
100 g de sirop à 30 ° (voir recette page 197)

1. Fouettez la crème liquide, puis réservez-la au frais.
2. Faites fondre le chocolat au bain-marie avec le cacao en poudre.
3. Versez le sirop à 30 ° sur les jaunes d'œufs, puis montez-les au batteur électrique pour réaliser une pâte à bombe.
4. Mélangez le chocolat avec la crème et la pâte à bombe.
5. Montez les blancs, serrez-les avec le sucre et ajoutez-les à la préparation.
6. Versez dans des ramequins et réservez au frais.

Les grands amateurs de mousse au chocolat considèrent qu'il ne faut pas la placer au frais. Dans cette recette, je mets de la chantilly, je considère donc qu'elle doit passer un peu au frais.

CRÈME BRÛLÉE
COMME JE L'AIME

Pour 6 personnes | Préparation : 10 min | Cuisson : 1 h

INGRÉDIENTS

4 gousses de vanille
250 g de lait
750 g de crème liquide
8 jaunes d'œufs
150 g de sucre en poudre
30 g de cassonade

1. Préchauffez le four à 90 °C (th. 3).
2. Fendez les gousses de vanille en deux dans la longueur, puis, à l'aide de la pointe d'un couteau, grattez-les pour récupérer les graines.
3. Dans une casserole, faites bouillir le lait, la crème, les gousses et les graines de vanille.
4. Dans un cul-de-poule, faites blanchir les jaunes avec le sucre, puis ajoutez le lait et versez dans des ramequins après avoir enlevé les gousses de vanille.
5. Enfournez pour 1 h, puis laissez refroidir.
6. Avant de déguster, à l'aide d'un chalumeau, caramélisez le dessus des crèmes brûlées avec de la cassonade.

POTS DE CRÈME
AU CHOCOLAT POUR ANTOINE

Pour 6 personnes | Préparation : 20 min | Cuisson : 1 h 30 à 2 h

INGRÉDIENTS

215 g de chocolat noir
75 cl de lait
75 g de sucre en poudre
9 jaunes d'œufs
3 cl d'eau

1. Préchauffez le four à 90 °C (th. 3).
2. Coupez le chocolat en morceaux.
3. Mélangez la moitié du lait avec le sucre dans une casserole, faites chauffer jusqu'à ébullition, puis versez sur le chocolat. Mélangez jusqu'à l'obtention d'une ganache lisse.
4. Ajoutez le reste du lait, les jaunes d'œufs et l'eau. Mixez sans incorporer d'air.
5. Versez la préparation dans des pots et enfournez pour 1 h 30 à 2 h, jusqu'à ce que les crèmes ne soient presque plus tremblotantes.

* *

C'est une recette que j'adore. On peut remplacer l'eau par des cafés expressos, ce qui rendra la recette encore plus pointue pour les amateurs.

RIZ AU LAIT
DE MA TANTE MARCELLE

Pour 6 personnes | Préparation : 15 min | Cuisson : 40 min

INGRÉDIENTS

60 cl de lait
40 cl de crème liquide
100 g de sucre en poudre
2 gousses de vanille
150 g de riz à risotto
2 cuil. à soupe de crème fouettée

1. Dans une casserole, faites chauffer à feu doux le lait, la crème, le sucre et les gousses de vanille fendues en deux, puis ajoutez le riz.

2. Laissez cuire pendant 40 min en mélangeant régulièrement pour que la préparation n'accroche pas.

3. Versez dans un plat et réservez au frais. Juste avant de servir, ajoutez la crème fouettée pour alléger le riz au lait.

ÎLE FLOTTANTE
AUX PRALINES ROSES DE MA GRAND-MÈRE

Pour 6 à 8 personnes | Préparation : 10 min | Cuisson : 15 min

INGRÉDIENTS

100 g de sucre en poudre + un peu pour le moule
Beurre pour le moule
65 g de blancs d'œufs
150 g de pralines roses concassées
½ l de crème anglaise (voir recette page 187)

1 Préchauffez le four à 140 °C (th. 4-5).

2 Beurrez et sucrez un moule de 20 cm de diamètre.

3 Versez les blancs d'œufs dans la cuve d'un robot avec 10 g de sucre. Commencez par fouetter doucement, puis augmentez la vitesse et ajoutez la moitié du sucre restant. Serrez les blancs d'œufs à vitesse maximale et ajoutez le reste du sucre. Continuez à fouetter pendant 1 min et ajoutez les pralines roses concassées.

4 Versez la préparation dans le moule et enfournez pour 15 min.

5 À la sortie du four, démoulez et ajoutez la crème anglaise autour de l'île flottante.

Cette recette est ma madeleine de Proust. Ma grand-mère nous préparait ce dessert pour les repas de famille. Elle est partie sans nous transmettre sa recette, d'où mon envie de créer le Blanc-Manger.

SUISSE DE VALENCE

Pour 8 personnes | Préparation : 20 min | Cuisson : 20 à 30 min

INGRÉDIENTS

500 g de farine
250 g de sucre en poudre
1 paquet de levure de boulanger (12 g)
1 pincée de sel
Le zeste râpé de 1 orange
125 g de beurre pommade
4 œufs + 1 jaune d'œuf

1 Préchauffez le four à 180 °C (th. 6).

2 Mélangez la farine, le sucre, la levure, le sel et le zeste d'orange. Ajoutez le beurre et mélangez de nouveau, puis incorporez les œufs entiers.

3 Formez le suisse sur une plaque recouverte de papier sulfurisé ou sur un tapis en silicone avec une spatule humide (la pâte est collante). Dorez avec le jaune d'œuf. Enfournez pour 20 à 30 min.

L'origine de ce biscuit s'inspire de l'uniforme des gardes suisses. Ce sont les pâtissiers de la ville qui ont créé ce gâteau au moment où la dépouille du pape Pie VI a été exposée dans la cathédrale Saint-Apollinaire de Valence, d'où je suis originaire.

BISCUIT DE SAVOIE, SOUVENIR DE VACANCES

Pour 6 personnes | Préparation : 20 min | Cuisson : 40 min

INGRÉDIENTS

100 g de farine + un peu pour le moule
Beurre pour le moule
10 jaunes d'œufs
300 g de sucre en poudre + 6 g pour les blancs en neige
10 blancs d'œufs
100 g de fécule de pomme de terre
Sucre glace

1. Préchauffez le four à 200 °C (th. 6-7). Beurrez et farinez un moule et placez-le au réfrigérateur. Répétez l'opération et placez de nouveau le moule au réfrigérateur.
2. Faites blanchir les jaunes d'œufs avec le sucre.
3. Dans un saladier, montez les blancs en neige ferme, puis ajoutez le sucre restant et mélangez.
4. Ajoutez la farine et la fécule de pomme de terre aux jaunes d'œufs battus, puis mélangez au fouet. Incorporez un tiers des blancs en neige, mélangez énergiquement, puis ajoutez le reste des blancs et mélangez délicatement jusqu'à l'obtention d'une préparation homogène.
5. Remplissez le moule aux deux tiers de sa hauteur. Faites cuire pendant 40 min. Laissez refroidir avant de démouler. Saupoudrez de sucre glace.

L'appareil du biscuit de Savoie peut être un sublime biscuit pour un gâteau roulé si vous le faites cuire à plat sur une plaque et que vous le garnissez avec de la crème de marron, par exemple.

BABA AU RHUM

Pour 10 personnes | Préparation : 25 min | Cuisson : 35 min

INGRÉDIENTS

335 g de farine
9 œufs
18 g de levure fraîche
3 gousses de vanille
60 g de sucre en poudre
2 pincées de sel
300 g de beurre noisette + un peu pour le moule

Pour le sirop d'imbibage
1 l d'eau
400 g de sucre en poudre
1 gousse de vanille
Le zeste et le jus de 1 orange
Le zeste et le jus de 1 citron vert

Pour le dressage
4 cl de rhum
½ l de chantilly gourmande (voir recette page 189)

1 Préchauffez le four à 180 °C (th. 6).

2 À l'aide d'un batteur électrique, mélangez la farine, les œufs, la levure, les graines des gousses de vanille, le sucre et le sel. Sans cesser de battre, incorporez le beurre noisette, puis laissez tourner pendant 3 min.

3 Beurrez un moule avant d'y déposer la préparation, si besoin à l'aide d'une poche.

4 Enfournez pour 35 min. Vérifiez la cuisson en plantant la pointe d'un couteau dans le baba (elle doit en ressortir sèche). Démoulez chaud et laissez refroidir.

5 Réalisez le sirop d'imbibage : dans une poêle à bords hauts, portez à ébullition l'eau, le sucre, la gousse de vanille fendue et grattée, le zeste et le jus de l'orange et du citron vert. Placez le baba sur une grille et plongez-le dans le sirop encore tiède en veillant à immerger complètement le baba.

6 Une fois que le baba est imbibé de sirop, arrosez-le de rhum. Conservez le baba au réfrigérateur.

7 Placez la crème Chantilly dans une poche munie d'une douille cannelée de 18 mm de diamètre. Déposez-la au centre du baba juste avant de servir.

* *

- Contrairement aux autres recettes de baba, la pâte de celui-ci est semi-liquide et donc plus facile à manipuler.
- Vous pouvez également réaliser des babas individuels : ils seront alors plus simples à imbiber.

FONDANT AU CHOCOLAT

Pour 6 à 8 personnes | Préparation : 10 min | Repos : 12 h | Cuisson : 1 h 30 à 2 h

INGRÉDIENTS

750 g de chocolat
625 g de beurre
7 œufs
300 g de sucre en poudre

1. Préchauffez le four à 160 °C (th. 5-6). Faites fondre le chocolat.

2. Mélangez le chocolat fondu avec le beurre. Fouettez les œufs avec le sucre. Mélangez les deux préparations. Versez dans une terrine et faites cuire au four au bain-marie pendant 1 h 30 à 2 h.

3. Sortez du four, laissez complètement refroidir et placez au réfrigérateur pendant 12 h.

4. Coupez des tranches de fondant lorsqu'il sort du réfrigérateur, puis réservez-les à température ambiante quelques minutes avant de servir.

* *

Ce fondant au chocolat est délicieux avec une crème anglaise (voir recette page 187).

CAKE AUX FRUITS CONFITS, MON PETIT DÉJEUNER PRÉFÉRÉ

Pour 1 cake | Préparation : 20 min | Cuisson : 1 h

INGRÉDIENTS

250 g de beurre pommade + un peu pour le moule
150 g de sucre glace
5 blancs d'œufs
5 jaunes d'œufs
375 g de farine + un peu pour le moule
5 g de levure chimique
5 g de sel
250 g de fruits confits coupés en cubes
100 g d'oranges confites coupées en cubes
100 g de figues moelleuses coupées en cubes
100 g d'abricots moelleux coupés en cubes

1 Préchauffez le four à 160 °C (th. 5-6).

2 Mélangez le beurre pommade et le sucre glace sans émulsionner. Ajoutez les blancs et les jaunes d'œufs, puis la farine et la levure tamisées (gardez un peu de farine pour les fruits confits) et enfin le sel.

3 Mélangez la farine réservée avec les fruits confits avant de les incorporer à la pâte, en ayant pris soin d'en réserver pour décorer le cake.

4 Beurrez et farinez un moule, versez-y l'appareil, puis enfournez pour 1 h. Les quantités sont à adapter suivant la taille du moule. Vérifiez la cuisson en plantant la pointe d'un couteau dans le cake (elle doit en ressortir sèche).

5 Laissez refroidir avant de démouler et ajoutez quelques fruits sur le cake pour le décorer.

* *

Il y a une tradition pâtissière qui veut que, à la sortie du four, on arrose de rhum le cake démoulé et encore chaud. Je vous laisse faire votre choix !

GÂTEAU ROULÉ

Pour 6 personnes | Préparation : 30 min | Cuisson : 6 min

INGRÉDIENTS

1 orange non traitée
120 g de beurre pommade
120 g de sucre en poudre
2 gros œufs (120 g)
120 g de farine
½ sachet de levure

4 cuil. à soupe de ganache au chocolat (voir recette page 190)

Pour le dressage
Cacao en poudre
Le zeste râpé de 1 orange
Copeaux de chocolat noir

1 Préchauffez le four à 190 °C (th. 6-7). Râpez le zeste de l'orange et pressez-la pour récupérer le jus.

2 Mélangez le beurre avec le sucre à l'aide d'un fouet. Incorporez les œufs, le zeste et le jus de l'orange. Mélangez bien, puis ajoutez la farine et la levure.

3 Versez la pâte sur une feuille de papier sulfurisé posée sur le plan de travail. Utilisez une longue spatule ou un couteau, en n'hésitant pas à déborder, pour étaler l'appareil en une couche régulière de 3 mm d'épaisseur. Soulevez deux des coins de la feuille de papier sulfurisé ainsi recouverte pour la glisser délicatement sur une plaque. Enfournez pour 6 min, jusqu'à ce que le dessus soit doré.

4 Ramollissez la ganache pour qu'elle soit souple et s'étale facilement sans abîmer la pâte.

5 Sortez le gâteau du four et faites-le glisser sur le plan de travail. Étalez la ganache en une fine couche à l'aide d'une spatule en inox ou d'une cuillère à soupe. Roulez le gâteau encore tiède sur lui-même, en vous aidant de la feuille de papier sulfurisé que vous décollerez petit à petit. Serrez le plus possible pour que le gâteau ait une jolie forme arrondie. Laissez refroidir sans couvrir.

6 Avant de servir, tranchez les extrémités du gâteau et saupoudrez-le de cacao, de zeste d'orange et de copeaux de chocolat.

TIRAMISU

Pour 8 personnes | Préparation : 20 min | Repos : 12 h

INGRÉDIENTS

500 g de mascarpone
500 g de crème liquide
5 œufs
150 g de sucre en poudre
***Pavesini* (biscuits italiens pour tiramisu) ou biscuits à la cuiller (voir recette page 186) : prévoyez-en suffisamment pour réaliser 2 couches**
Café : prévoyez-en suffisamment pour imbiber l'ensemble des biscuits
Chocolat en poudre

1 La veille, mélangez le mascarpone, la crème liquide, les œufs et le sucre à l'aide d'un batteur électrique. Émulsionnez jusqu'à l'obtention d'un ruban.

2 Trempez les *pavesini* (ou les biscuits à la cuiller) dans le café, puis déposez-les dans le fond d'un plat.

3 Recouvrez les biscuits d'une couche d'appareil à tiramisu, puis répétez l'opération en alternant biscuits et crème et en terminant par une couche de crème.
Placez au réfrigérateur pendant 12 h.

4 Saupoudrez de chocolat en poudre juste avant de servir.

* *

Ne saupoudrez pas trop de chocolat en poudre sur le tiramisu.

MON CLAFOUTIS ABRICOTS

Pour 8 personnes | Préparation : 15 min | Cuisson : 25 min

INGRÉDIENTS

12 abricots environ (la quantité dépend de la taille du moule)
Beurre pour le moule
3 jaunes d'œufs + 1 œuf entier (60 g)
130 g de sucre en poudre
1 gousse de vanille
90 g de poudre d'amandes
10 g de farine
35 cl de crème liquide

1 Préchauffez le four à 180 °C (th. 6). Beurrez un moule.

2 Lavez les abricots, puis coupez-les en deux et retirez les noyaux.

3 Mélangez les jaunes d'œufs, l'œuf entier, le sucre, la gousse de vanille fendue et grattée, la poudre d'amandes et la farine, puis incorporez la crème et mélangez au fouet.

4 Versez la moitié de l'appareil dans le moule avant de déposer les demi-abricots par-dessus, puis recouvrez avec le reste de la préparation. Enfournez pour 25 min.

C'est tout simplement mon péché mignon, j'adore cette recette de clafoutis qui est riche mais tellement gourmande.

CHARLOTTE AUX POIRES

Pour 4 personnes | Préparation : 40 min | Cuisson : 15 min | Réfrigération : 6 h

INGRÉDIENTS

10 g de gélatine
160 g de sucre en poudre
45 g de glucose
600 g de crème liquide
20 g de beurre
1 gousse de vanille
7 jaunes d'œufs
20 biscuits à la cuiller (voir recette page 186)

Pour le sirop d'imbibage
200 g de sirop à 30 ° (voir recette page 197)
2 cuil. à soupe d'eau de vie de poire

Pour le dressage
1 poire
50 g de sucre en poudre
Le zeste râpé de 1 citron vert

1 Faites tremper la gélatine dans un bol d'eau glacée pendant quelques minutes, puis égouttez-la.

2 Faites cuire à sec 110 g de sucre avec le glucose jusqu'à l'obtention d'un caramel, que vous déglacerez avec 135 g de crème liquide préalablement chauffée. Hors du feu, ajoutez le beurre, les graines de la gousse de vanille et la gélatine réhydratée.

3 Réalisez un sirop avec l'eau et le reste du sucre, versez-le sur les jaunes d'œufs, puis montez au batteur jusqu'à l'obtention d'un ruban.

4 Montez le reste de crème en chantilly, puis incorporez-la au caramel aux jaunes battus.

5 Pour monter la charlotte, imbibez les biscuits à la cuiller avec du sirop et disposez-les dans un moule à charlotte.

6 Garnissez ensuite de moitié avec la mousse, couvrez d'une couche de biscuits imbibés, puis répétez une fois ces opérations pour finir de monter la charlotte.

7 Réservez au frais au moins 6 h, puis démoulez.

8 Pour le dressage, coupez la poire en cubes. Faites fondre le sucre avec 1 cuil. à soupe d'eau. Faites chauffer le mélange jusqu'à l'obtention d'un caramel, puis faites-y revenir les cubes de poires pendant 3 à 4 min jusqu'à ce qu'ils soient juste dorés. Déposez ces derniers sur la charlotte avant de verser le caramel. Saupoudrez de zeste de citron vert.

* *

En 1987, j'ai gagné un concours de pâtisserie organisé à Eyguebelle en proposant ce dessert aux poires, qui n'est pas une charlotte Chambord mais une charlotte à base d'alcool de poires, la spécialité de ce village de la Drôme.

CHARLOTTE AUX FRAISES

Pour 6 à 8 personnes | Préparation : 45 min | Cuisson : 20 min | Réfrigération : 6 h

INGRÉDIENTS

4 feuilles de gélatine
250 g de purée de fraises
25 cl de crème liquide
160 g de meringue italienne
(voir recette page 192)
30 biscuits à la cuiller
(voir recette page 186)

Pour le sirop d'imbibage
25 cl d'eau
75 g de sucre en poudre
10 g de liqueur de fraise

Pour le dressage
16 fraises
20 fraises des bois
Sucre glace

1. Faites tremper la gélatine dans un bol d'eau glacée pendant quelques minutes, puis égouttez-la. Faites-la fondre dans une casserole avec 1 cuil. à café d'eau. Incorporez-la à la purée de fraises en mélangeant énergiquement.

2. Montez la crème au fouet, puis incorporez-la à la purée de fraises. Ajoutez la meringue italienne. Réservez.

3. Pour réaliser le sirop, portez l'eau et le sucre à ébullition, puis ajoutez la liqueur de fraise hors du feu.

4. Pour monter la charlotte, imbibez les biscuits à la cuiller avec du sirop et disposez-les dans un moule à charlotte. Garnissez ensuite de moitié avec la mousse et ajoutez la moitié des fraises entières, puis formez une couche de biscuits imbibés. Répétez l'opération pour finir de monter la charlotte. Réservez au frais au moins 6 h, puis démoulez.

5. Pour le dressage, coupez les fraises en quartiers. Déposez-les sur la charlotte, puis ajoutez les fraises des bois entières. Saupoudrez de sucre glace.

* *

Ce que je préfère dans une charlotte, c'est quand elle est bien garnie. Alors soyez généreux en fruits.

BRIOCHE PERDUE
CHOCO-FRAMBOISES

Pour 2 personnes | Préparation : 10 min | Cuisson : 5 min

INGRÉDIENTS

2 tranches de brioche de 3 cm d'épaisseur
(voir recette page 184)
1 morceau de chocolat noir pâtissier
20 g de beurre
1 cuil. à café de sucre en poudre
1 grosse barquette de framboises

1 Coupez les tranches de brioche en deux.

2 Râpez du chocolat noir sur 2 tranches de brioche et recouvrez-les avec les 2 dernières tranches.

3 Faites fondre le beurre et le sucre dans une poêle à feu moyen. Faites-y dorer les tranches de brioche pendant 2 à 3 min par face.

4 Retirez les tranches de brioche de la poêle et déposez-les dans des assiettes de service. Mettez les framboises dans la poêle et enrobez-les pendant 20 s. Garnissez-en les tranches de brioche.

* *

Ce n'est pas la recette la moins riche mais c'est sûrement la plus gourmande, car la brioche est fraîche.

PUDDING
ANANAS-CHOCOLAT

Pour 6 personnes | Préparation : 10 min | Cuisson : 10 min

INGRÉDIENTS

8 à 10 tranches de brioche
½ ananas cuit (voir recette page 149)
2 cuil. à soupe de rhum brun
600 g de lait de poule (voir recette page 123)
30 g de cassonade
100 g de chocolat noir ou au lait
Le zeste râpé de 1 citron vert

1 Préchauffez le four à 180 °C (th. 6).

2 Coupez les tranches de brioche et l'ananas en morceaux. Déposez-les dans un plat à gratin. Ajoutez le rhum brun dans le lait de poule. Saupoudrez de cassonade. Enfournez pour 10 min.

3 Coupez le chocolat en morceaux.

4 À la sortie du four, déposez les morceaux de chocolat sur le pudding, avant de le passer quelques minutes sous le gril, jusqu'à ce que le chocolat ait fondu.

5 Saupoudrez de zeste de citron vert et servez sans attendre.

J'adore déguster ce pudding quelques instants après la sortie du four quand il est encore tout chaud, mais lorsqu'il est à température ambiante, il est aussi succulent.

GRATIN DE FRAMBOISES
À LA PISTACHE COMME À LUS-LA-CROIX-HAUTE

Pour 4 à 6 personnes | Préparation : 10 min | Cuisson : 5 min

INGRÉDIENTS

3 barquettes de framboises
6 jaunes d'œufs
2 cuil. à soupe de sucre en poudre
½ verre de beaumes-de-venise
1 cuil. à soupe de pâte de pistaches

1. Préchauffez le four en position gril, à température maximale.
2. Déposez les framboises dans le fond d'un plat à gratin.
3. Fouettez les jaunes d'œufs avec le sucre.
4. Faites bouillir le beaumes-de-venise dans une casserole, puis versez-le sur les jaunes d'œufs blanchis, en fouettant à l'aide d'un batteur électrique jusqu'à l'obtention d'un ruban et laissez refroidir. Ajoutez la pâte de pistaches et mélangez délicatement.
5. Versez l'appareil sur les framboises et enfournez pour 3 à 4 min. Saupoudrez de sucre glace et servez sans attendre.

* *

Cette recette me rappelle plein de souvenirs émouvants car, à Lus-la-Croix-Haute, pendant les vacances d'été, nous allions ramasser des framboises sauvages avec toute ma famille et nous les mangions en glace, en gratin, ou simplement au sucre ou en confiture.

GRATIN DE FRUITS
AU BEAUMES-DE-VENISE

Pour 4 personnes | Préparation : 10 min | Cuisson : 5 min

INGRÉDIENTS

1 orange
1 pamplemousse
1 kiwi
½ banane
½ ananas
½ grenade
5 à 7 feuilles de menthe
5 jaunes d'œufs
2 cuil. à soupe de sucre en poudre
½ verre de beaumes-de-venise
Sucre glace

1 Préchauffez le four en position gril, à température maximale.

2 Pelez l'orange, le pamplemousse et le kiwi, puis coupez-les en quartiers. Pelez et coupez la banane en rondelles. Pelez et coupez l'ananas en quartiers. Épépinez la grenade. Ciselez la menthe.

3 Déposez les fruits et la menthe ciselée dans le fond d'un plat à gratin.

4 Fouettez les jaunes d'œufs avec le sucre.

5 Faites bouillir le beaumes-de-venise dans une casserole, puis versez-le sur les jaunes d'œufs blanchis et fouettez, à l'aide d'un batteur électrique, jusqu'à l'obtention d'un ruban Laissez refroidir.

6 Versez l'appareil sur les fruits et enfournez pour 3 à 4 min. Laissez dorer et saupoudrez de sucre glace à la sortie du four. Dégustez immédiatement.

La recette fonctionne aussi très bien avec des fruits cuits : l'essentiel, c'est de choisir des fruits et des herbes de saison !

MÛRES MIJOTÉES
À LA SARRIETTE

Pour 2 personnes | Préparation : 5 min | Cuisson : 5 min

INGRÉDIENTS

10 g de beurre
250 g de mûres
1 cuil. à café de sucre en poudre
Le jus de 1 citron vert
Quelques branches de sarriette

1 Faites fondre le beurre dans une petite casserole. Ajoutez les mûres et le sucre et laissez-les mijoter à feu doux pendant 2 à 3 min.

2 Ajoutez 1 cuil. à café d'eau, le jus de citron vert et la sarriette effeuillée, puis laissez cuire 1 min, et c'est prêt.

* *

- Ce dessert minute s'accompagnera parfaitement d'un pain perdu ou d'une boule de glace.
- C'est une vraie recette du jardin : les mûres et la sarriette arrivent au même moment à maturité.

GIBOULÉE DE CERISES,
GLACE À LA PISTACHE

Pour 2 personnes | Préparation : 25 min | Cuisson : 10 min

INGRÉDIENTS

350 g de cerises
30 g de beurre
1 cuil. à soupe de sucre en poudre
2 cuil. à soupe d'eau
1 filet de kirsch ou d'eau-de-vie de guigne
Le jus de 1 citron vert
Glace à la pistache (voir recette page 194)
15 g de pistaches sablées

1 Coupez les cerises en deux, puis dénoyautez-les.

2 Dans une poêle, faites fondre le beurre avec le sucre, puis ajoutez les cerises et faites-les sauter à feu vif pendant 5 min. Attention, elles doivent rester entières et fermes.

3 Ajoutez l'eau, couvrez, baissez le feu et laissez les cerises rendre leur jus pendant 3 min, puis déglacez avec le kirsch. Une fois qu'elles sont fondantes, ajoutez le jus de citron vert.

4 Répartissez les cerises dans des assiettes de service, ajoutez une boule de glace à la pistache et saupoudrez de pistaches sablées.

Si vous n'avez pas le temps de préparer une glace à la pistache, vous pouvez faire cette recette avec une branche de verveine et rajouter des croûtons de brioche : c'est fabuleux !

FIGUES CUITES
EN FEUILLES DE FIGUIER ET SANGRIA

Pour 2 personnes | Préparation : 15 min | Cuisson : 20 à 25 min

INGRÉDIENTS

20 cl de sangria (ou, à défaut, de porto)
6 à 8 figues + quelques feuilles de figuier lavées et séchées
Le zeste de 1 citron vert
Le zeste de 1 orange
1 bâton de cannelle

1. Préchauffez le four à 180 °C (th. 6).
2. Dans une casserole, faites réduire aux trois quarts la sangria afin de la rendre sirupeuse.
3. Tapissez le fond d'un plat avec un couvercle avec les feuilles de figuier, en les faisant déborder sur les côtés.
4. Épluchez les figues et déposez-les sur les feuilles de figuier avec leurs épluchures.
5. Ajoutez les zestes du citron vert et de l'orange, ainsi que le bâton de cannelle. Arrosez de sangria réduite.
6. Rabattez les feuilles de figuier sur les figues, puis posez le couvercle sur le plat. Enfournez pour 10 à 15 min.
7. Enlevez le couvercle et replacez au four jusqu'à ce que les feuilles de figuier soient légèrement dorées. Servez aussitôt.

NAGE D'ORANGES
AU SAFRAN

Pour 4 personnes | Préparation : 15 min | Repos : 2 à 3 h | Cuisson : 1 h 30

INGRÉDIENTS

6 oranges à jus
4 cuil. à soupe de sucre en poudre
6 à 8 pistils de safran
4 à 5 pralines roses concassées
1 citron (facultatif)

1 Pelez à vif 4 oranges en conservant les pelures et tranchez les oranges en lamelles.

2 Faites blanchir les pelures d'oranges en les plongeant dans 1 l d'eau. Faites bouillir une première fois, puis remplacez l'eau et versez le sucre. Laissez confire pendant 1 h 30, jusqu'à ce que les zestes soient tendres. Retirez-les du sirop et réservez-les.

3 Ajoutez les pistils de safran et le jus des 2 dernières oranges dans le sirop. Laissez reposer 2 à 3 h au réfrigérateur.

4 Dressez les lamelles d'oranges dans un plat de service. Coupez les zestes confits en morceaux, puis déposez-les sur les lamelles d'oranges.

5 Arrosez de sirop, saupoudrez avec quelques pistils de safran et quelques pralines roses concassées. Si les oranges sont trop sucrées, arrosez de jus de citron.

* *

- La seule difficulté de cette recette réside dans le choix des oranges, qui doivent être les plus juteuses possible.
- J'aime aussi remplacer les pralines roses par des dragées concassées.

TULIPES DE FRAISES DES BOIS

Pour 4 personnes | Préparation : 1 h | Cuisson : 20 min

INGRÉDIENTS

250 g de fraises des bois
40 g de sucre en poudre

Pour le craquelin chocolat-caramel (tulipes)
150 g de glucose
100 g de fondant pâtissier
100 g de chocolat au lait

Pour la glace à la rhubarbe
(voir recette page 195)

Pour la chantilly gourmande
(voir recette page 189)

1 Préchauffez le four à 160 °C (th. 5-6).

2 Préparez le craquelin chocolat-caramel : mettez le glucose et le fondant à cuire dans une casserole jusqu'à 145 °C. Une fois que cette température est atteinte, ajoutez le chocolat hors du feu, il va fondre, puis fouettez énergiquement.

3 Versez la préparation sur une feuille de papier sulfurisé. Laissez reposer jusqu'à complet refroidissement. Une fois que le mélange a bien durci, cassez-le en morceaux et mixez-le jusqu'à l'obtention d'une poudre.

4 Saupoudrez sur une plaque à l'aide d'une passette, formez des cercles à l'aide du bout du doigt sur un tapis en silicone et faites-les cuire pendant 5 min.

5 Décollez les cercles encore chauds du tapis en silicone à l'aide d'une spatule, puis déposez-les sur de petits bols renversés de manière à former les tulipes.

6 Déposez une quenelle de glace à la rhubarbe dans chaque tulipe. Ajoutez les fraises des bois préalablement assaisonnées de sucre. Mettez la chantilly dans une poche à douille et dressez-la en rosace dans les tulipes. Servez sans attendre.

C'est une recette que l'on retrouvait beaucoup dans les grands restaurants. Pour qu'elle soit plus simple je préconise de faire les tulipes avec de la pâte à cigarette (voir recette page 186) ou avec de la pâte à tuiles dentelle aux amandes (voir recette page 89) mais cette version plus compliquée est bien meilleure.

CRÊPES FLAMBÉES
À L'ORANGE ET AU BASILIC

Pour 2 personnes | Préparation : 25 min | Cuisson : 15 min

INGRÉDIENTS

1 orange
50 g de beurre
1 cuil. à soupe de sucre en poudre
Le jus de 2 oranges
6 crêpes (voir recette page 187)
1 cuil. à soupe de Cointreau®
1 goutte de jus de citron
4 à 5 feuilles de basilic

1. Épluchez l'orange et prélevez les suprêmes. Coupez l'écorce en filaments et faites-les blanchir (voir page 60, étape 2).
2. Dans une poêle, faites fondre le beurre avec le sucre et laissez caraméliser.
3. Déglacez le caramel avec le jus des oranges.
4. Pliez les crêpes en triangle et ajoutez-les dans la poêle pour qu'elles s'imbibent de jus.
5. Flambez les crêpes au Cointreau®.
6. Ajoutez sur les crêpes les zestes blanchis et les suprêmes d'orange, ainsi que le jus de citron et les feuilles de basilic. Laissez chauffer encore quelques secondes et servez sans attendre.

À la maison, j'aime bien apporter ma touche à des recettes traditionnelles. J'agrémente la crêpe Suzette de basilic. J'adore aussi réaliser cette recette avec des clémentines.

OMELETTE SOUFFLÉE

Pour 2 personnes | Préparation : 20 min | Cuisson : 10 min

INGRÉDIENTS

4 œufs
2 cuil. à soupe de sucre en poudre
20 g de beurre + un peu pour le moule
Confiture d'abricots (voir recette page 70)

1. Préchauffez le four à 200 °C (th. 6-7).

2. Montez les œufs en neige avec le sucre jusqu'à l'obtention d'un ruban.

3. Dans une poêle de 26 à 28 cm de diamètre, faites fondre le beurre à feu moyen. Versez 1 à 2 louchées d'œufs battus dans la poêle, puis lissez le dessus de l'omelette.

4. Laissez dorer avant de plier l'omelette et de la retourner pour faire dorer l'autre côté.

5. Déposez l'omelette dans un moule à gratin beurré avec la confiture d'abricots, puis enfournez pour 2 min. Dégustez immédiatement.

CONFITURE D'ABRICOTS

Pour 8 pots | Préparation : 30 min | Repos : 2 à 3 h | Cuisson : 1 h

INGRÉDIENTS

1,5 kg d'abricots
800 g de sucre en poudre
Le jus de 1 citron (jaune ou vert)

1 Lavez et dénoyautez les abricots. Mettez-les dans un saladier, ajoutez le sucre et mélangez délicatement. Laissez mariner 2 à 3 h, jusqu'à ce que les abricots aient rejeté tout leur jus.

2 Égouttez les abricots et transvasez le sirop dans une grande casserole.

3 Mettez le sirop à cuire : débutez la cuisson à feu doux, augmentez le feu à la première ébullition, puis ajoutez les abricots. Remuez régulièrement, écumez et poursuivez la cuisson jusqu'à 105 °C pendant 10 à 15 min. Ajoutez le jus de citron et faites bouillir une dernière fois.

4 Pour savoir si la confiture est cuite, versez-en une petite cuillerée sur une assiette froide que vous inclinerez : la confiture doit couler doucement. Mettez dans des pots ébouillantés et parfaitement séchés, fermez et réservez dans un endroit frais.

Ma grand-mère déposait les amandons d'abricots (que l'on trouve à l'intérieur du noyau) qu'elle cassait sur le dessus de la confiture.

BEIGNETS D'ANANAS
AU CITRON VERT

Pour 4 personnes | Préparation : 20 min | Cuisson : 3 à 4 min

INGRÉDIENTS

1 ananas
Le zeste râpé de 1 citron vert
1 cuil. à soupe de cassonade

Pour la pâte à beignets
6 cuil. à soupe de farine
½ cuil. à soupe de sucre en poudre
1 pincée de levure chimique
1 pincée de sel
1 œuf
3 cuil. à soupe de lait
1 cuil. à soupe de rhum blanc
Huile d'arachide (pour la friture)

1 Épluchez l'ananas, puis coupez-le en tranches de 6 à 7 mm d'épaisseur et évidez le cœur à l'aide d'un emporte-pièce.

2 Préparez la pâte à beignets : mélangez la farine, le sucre, la levure et le sel. Ajoutez l'œuf, le lait et le rhum, puis mélangez au fouet.

3 Plongez les rondelles d'ananas dans la pâte à beignets, puis faites-les frire dans une poêle avec 2 cm d'huile d'arachide, jusqu'à ce que les beignets soient bien dorés des deux côtés.

4 Déposez les beignets dans un plat de service et saupoudrez-les de zeste de citron vert et de cassonade.

* *

C'est une recette que je dégustais le dimanche soir lorsque nous n'avions pas terminé l'ananas du déjeuner.

BUGNES DE MON ENFANCE

Pour 8 personnes | Préparation : 20 min | Repos : 3 h | Cuisson : 30 min

INGRÉDIENTS

500 g de farine
125 g de beurre
3 œufs
50 g de sucre en poudre
1 pincée de sel
Un peu de rhum
Huile neutre (pour la friture)

1 Dans un récipient, mélangez la farine et le beurre jusqu'à l'obtention d'une texture sableuse.

2 Ajoutez les œufs, le sucre, le sel et le rhum, puis mélangez jusqu'à l'obtention d'une pâte homogène.

3 Réservez au froid pendant 3 h, puis étalez très finement la pâte de manière à former une feuille presque transparente. Détaillez-la ensuite en grands carrés.

4 Faites frire les bugnes quelques instants dans une poêle, dans 4 à 5 cm d'huile chaude. Saupoudrez de sucre immédiatement après la fin de la cuisson.

* *

C'est une recette que je faisais, enfant, avec ma maman. J'étalais la pâte et détaillais des carrés pendant qu'elle les faisait frire. Cette recette me rappelle des moments de partage incroyables avec elle.

CHAMONIX,
SOUVENIR DE MON 4 HEURES

Pour 15 chamonix | Préparation : 20 min | Cuisson : 16 min

INGRÉDIENTS

140 g de farine + un peu pour les moules
3 g de levure chimique
180 g de sucre en poudre
80 g de crème double
2 ½ œufs (150 g)
Le zeste râpé de 2 oranges
50 g de beurre fondu + un peu pour les moules
1 petit pot de confiture d'oranges

Pour le glaçage
30 g de jus d'orange
100 g de sucre glace

1 Préchauffez le four à 170 °C (th. 5-6).

2 Dans un saladier, mélangez la farine, la levure, le sucre, la crème, les œufs et les zestes. Ajoutez ensuite le beurre fondu.

3 Versez la pâte dans des petits moules à muffins beurrés et farinés. Enfournez pour 8 min et démoulez.

4 Déposez les gâteaux sur une plaque et remettez-les à cuire pendant 8 min. Sortez-les du four, mais laissez celui-ci allumé.

5 Laissez les gâteaux complètement refroidir, puis évidez-les en découpant le fond avec la pointe d'un petit couteau.

6 Garnissez-les de confiture d'oranges, puis remettez les fonds en place. Disposez les gâteaux sur une grille.

7 Préparez le glaçage : mélangez le jus d'orange et le sucre glace. Versez le glaçage sur les chamonix et passez les gâteaux quelques secondes au four jusqu'à ce que le glaçage forme une légère croûte blanche. Laissez refroidir et dégustez.

CANNELÉS

Pour 30 cannelés | Préparation : 20 min | Repos : 24 h | Cuisson : 50 min à 1 h

INGRÉDIENTS

3 gousses de vanille
50 cl de lait
50 g de beurre + un peu pour les moules
250 g de sucre glace
2 œufs + 2 jaunes
100 g de farine
1 cuil. à soupe de rhum

1 Fendez les gousses dans la longueur et, à l'aide de la pointe d'un couteau, grattez-les pour en récupérer les graines.

2 Faites bouillir le lait, le beurre et les graines de vanille.

3 Mélangez le sucre, les œufs, les jaunes d'œufs, puis ajoutez le rhum.

4 Incorporez le mélange sucre-œufs-rhum au mélange lait-beurre-vanille chaud et versez-le sur la farine puis mélangez énergiquement.

5 Passez la préparation au chinois et laissez reposer 24 h au réfrigérateur.

6 Préchauffez le four à 180 °C (th. 6). Versez la préparation dans des moules à cannelés beurrés et enfournez pour 50 min (pour des moules de 3,5 cm de diamètre) ou 1 h (pour des moules de 4,5 cm de diamètre).

* *

L'expression populaire de « Quand c'est noir, c'est cuit » vient du cannelé.

LANGUES DE CHAT
AU CHOCOLAT

Pour 25 pièces | Préparation : 20 min | Cuisson : 7 min

INGRÉDIENTS

125 g de beurre
125 g de sucre glace
Mousse au chocolat ou ganache au chocolat (voir recettes pages 10 et 190)
2 œufs
150 g de farine

1 Préchauffez le four à 160 °C (th. 5-6).

2 Ramolissez le beurre, puis incorporez le sucre glace tamisé. Ajoutez les œufs et mélangez au fouet. Versez la farine en fouettant jusqu'à l'obtention d'une pâte homogène.

3 À l'aide d'une spatule, disposez la pâte sur une plaque recouverte de papier sulfurisé en formant des langues de chat. Enfournez pour 7 min.

4 Après le refroidissement, tartinez les langues de chat de mousse au chocolat ou de ganache au chocolat selon votre goût.

FLORENTINS
COMME CHEZ DEBROAS

Pour 8 gros florentins | Préparation : 15 min | Cuisson : 20 min

INGRÉDIENTS

80 g de sucre en poudre
40 g de miel
10 cl de crème liquide
100 g d'amandes effilées
60 g de fruits confits hachés
10 g d'écorces d'oranges confites hachées
250 g de chocolat noir

1 Préchauffez le four à 160 °C (th. 5-6).

2 Dans une casserole, portez à ébullition le sucre, le miel et la crème pendant 5 min.

3 Ajoutez les amandes effilées, les fruits confits et les écorces d'oranges.

4 Disposez cette préparation dans des petits moules ronds de 8 cm de diamètre. Enfournez pour 15 min.

5 Laissez refroidir, puis trempez la base des biscuits dans du chocolat préalablement fondu au bain-marie. Mettez au frais avant de déguster.

* *

Les florentins de Debroas me rappellent des moments particuliers en famille car il est notre pâtissier de famille.

SABLÉS DIAMANTS

Pour 10 sablés | Préparation : 15 min | Repos : 15 min | Cuisson : 15 min

INGRÉDIENTS

220 g de beurre
50 g de beurre demi-sel
335 g de farine
135 g de sucre glace
1 jaune d'œuf
Les graines de 1 gousse de vanille
20 g de poudre d'amandes
20 g de noisettes concassées

Pour la dorure
1 jaune d'œuf
5 cl de lait
200 g de cassonade

1 Mélangez tous les ingrédients jusqu'à l'obtention d'une pâte homogène.

2 Formez un boudin de 50 cm de long et de 3 cm de diamètre, puis réservez au réfrigérateur pendant 15 min.

3 Préchauffez le four à 150 °C (th. 5). Préparez la dorure en délayant le jaune d'œuf avec le lait.

4 Dorez le boudin à l'aide d'un pinceau avec le mélange lait-jaune d'œuf, puis roulez-le dans la cassonade.

5 Détaillez le boudin en rondelles de 1,5 cm d'épaisseur, déposez-les sur une plaque de cuisson recouverte de papier sulfurisé, puis faites-les cuire pendant 15 min.

TUILES DENTELLE
AUX AMANDES

Pour 6 personnes | Préparation : 15 min | Cuisson : 10 min

INGRÉDIENTS

200 g d'amandes effilées
200 g de sucre glace
90 g de farine
3,8 cl de Grand Marnier®
Le zeste finement râpé de 1 orange
50 g de beurre fondu
95 g de jus d'orange

1 Préchauffez le four à 160 °C (th. 5-6).

2 Mélangez tous les ingrédients dans un saladier en terminant par le beurre fondu et le jus d'orange.

3 Étalez finement l'appareil sur une plaque en Téflon® ou un tapis en silicone (surtout pas sur une feuille de papier sulfurisé). Réalisez des petites boules de pâtes et écrasez-les du bout des doigts préalablement trempés dans l'eau.

4 Enfournez pour 10 min. À la sortie du four, laissez reposer quelques secondes, puis formez les tuiles sur un rouleau à pâtisserie. Laissez-les complètement refroidir, puis décollez-les.

Attendez le bon moment pour décoller les tuiles : sinon, elles risqueraient de se casser.
Si vous ne voulez pas former des tuiles, laissez refroidir, et vous obtiendrez de petites galettes tout aussi bonnes.
C'est également une recette parfaite pour réaliser des tulipes.

NOUGAT GLACÉ

Pour 8 personnes | Préparation : 20 min | Cuisson : 10 min | Congélation : 12 h

INGRÉDIENTS

4 blancs d'œufs
220 g de miel
450 g de crème fouettée
5 cl de Grand Marnier®
42 g de raisins secs
42 g de pistaches
42 g de noisettes caramélisées

Pour le dressage
Fruits confits (orange, cédrat, cerises, abricot)

1 Montez les blancs en neige au batteur électrique. Pendant ce temps, faites chauffer le miel à 121 °C. Versez le miel sur les blancs en neige et laissez tourner jusqu'à ce que la température baisse. Incorporez alors la crème fouettée, le Grand Marnier®, les raisins, les pistaches et les noisettes.

2 Versez la préparation dans un moule à cake et réservez au congélateur au moins 12 h.

3 Pour le dressage, déposez des morceaux de fruits confits sur le nougat glacé et servez sans attendre.

* *

J'ai fait mon apprentissage en pâtisserie chez Albert Escobar à Montélimar qui est la ville d'origine du nougat, c'est pourquoi cette recette m'a beaucoup marqué et est particulièrement importante pour moi.

SOUFFLÉ GLACÉ À L'ORANGE, SOUVENIR DE MON PREMIER GASTRO

Pour 4 personnes | Préparation : 20 min | Cuisson : 2 h 05 | Réfrigération : 12 h

INGRÉDIENTS

10 cl de jus d'orange
30 g de sucre en poudre
3 jaunes d'œufs
37,5 cl de crème liquide
1 cuil. à café de Grand Marnier®
Le zeste râpé de 1 orange

Pour le coulis d'orange
2 oranges
200 g de sucre en poudre
75 cl d'eau

Pour le dressage
1 orange
Le zeste de 1 orange ou des zestes confits

1 Chemisez chaque ramequin à l'aide d'un morceau de papier sulfurisé de 2 fois sa hauteur. Attachez le morceau de papier sur le ramequin : il permettra de contenir l'excédent d'appareil.

2 La veille, préparez les soufflés : portez à ébullition le jus d'orange et le sucre. Versez le mélange chaud sur les jaunes d'œufs et fouettez au batteur, puis ajoutez la crème liquide montée en chantilly, le Grand Marnier® et le zeste d'orange. Répartissez la préparation dans les 4 ramequins et laissez prendre au réfrigérateur au moins 12 h.

3 Préparez également le coulis la veille : lavez les oranges. Coupez-en une en quatre. Mettez-la dans une casserole, couvrez-la d'eau. Faites bouillir pendant 3 min. Changez l'eau, renouvellez l'opération 2 fois, puis versez le sucre et l'eau. Laissez frémir pendant 2 h. Égouttez l'orange confite et mixez-la très finement. Pressez le jus de l'orange restante, puis ajoutez-le à l'orange mixée.

4 Au moment de servir, démoulez délicatement les soufflés. Pour le dressage, déposez sur chaque soufflé des quartiers d'orange, ajoutez 1 cuil. à soupe de coulis d'orange et des zestes d'orange (confits ou non).

* *

Vous pouvez également garnir vos soufflés de brisures de biscuits à la cuiller ou de macarons.

MA GLACE VANILLE PRÉFÉRÉE

Pour 8 personnes | Préparation : 25 min | Cuisson : 10 min

INGRÉDIENTS

400 g de lait
100 g de crème liquide
4 gousses de vanille
60 g de sucre en poudre
6 jaunes d'œufs
20 g de glucose atomisé (facultatif)
Quelques noisettes caramélisées

1 Mettez le lait dans une casserole avec la crème et les gousses de vanille fendues et grattées, portez à ébullition, puis laissez infuser quelques minutes hors du feu. Ajoutez alors la moitié du sucre.

2 Battez les jaunes d'œufs avec le reste du sucre et le glucose. Versez le mélange chaud, remuez, puis versez de nouveau la préparation dans la casserole pour la faire cuire à 82 °C, jusqu'à ce qu'elle nappe la cuillère.

3 Passez la préparation au chinois et laissez refroidir, puis turbinez dans la machine à glace.

4 Dressez dans une coupe et saupoudrez de noisettes caramélisées.

- La température optimale pour déguster une glace est – 12 à – 13 °C mais, bien souvent, les congélateurs sont à – 18 °C. C'est la raison pour laquelle que les glaces se cristallisent.
- Une glace vanille, c'est une crème anglaise que l'on turbine et dans laquelle on peut rajouter du glucose (c'est pour cette raison qu'il est facultatif).

TRUFFES AU CHOCOLAT

Pour 50 truffes | Préparation : 20 min | Repos : 1 h | Cuisson : 10 min

INGRÉDIENTS

400 g de crème liquide
100 g de beurre
25 g de trimoline (facultatif)
1 gousse de vanille
500 g de chocolat de couverture

Pour la finition
25 g de chocolat de couverture
35 g de cacao en poudre

1. Dans une casserole, portez à ébullition la crème, le beurre, la trimoline et la gousse de vanille fendue et grattée. Versez sur le chocolat de couverture, puis mélangez.

2. Laissez prendre au réfrigérateur pendant 1 h.

3. Prélevez des morceaux de ganache et roulez-les entre vos mains pour réaliser des truffes.

4. Pour la finition, trempez les truffes dans le chocolat de couverture fondu, puis dans du cacao en poudre.

5. Laissez refroidir, puis dégustez à température.

PÂTE DE COINGS

Pour 15 personnes | Préparation : 25 min | Repos : 3 h | Cuisson : 1 h 15 à 1 h 30

INGRÉDIENTS

1,2 kg de coings entiers (pour 1 kg de fruits prêts à cuire)

700 g de sucre en poudre

1 Lavez, épluchez, épépinez et coupez les coings en petits morceaux.

2 Mettez les coings dans un saladier, ajoutez le sucre et laissez mariner pendant 3 h.

3 Transférez les coings dans une casserole et faites cuire à feu doux pendant 1 h 15 à 1 h 30, puis vérifiez la cuisson en écrasant un morceau de coing.

4 Mixez, puis versez dans une barquette.

5 Réservez au réfrigérateur. Détaillez la pâte de coings la veille de la dégustation.

Enfant, quand il n'y avait pas de dessert, j'adorais déguster cette pâte de coings sur une tartine de pain. Aujourd'hui, j'aime en manger avec du fromage.

CERISES À L'EAU-DE-VIE
COMME MON GRAND-PÈRE LES AIMAIT

Pour 1 bocal | Préparation : 10 min | Repos : quelques jours

INGRÉDIENTS

1 kg de griottes
1 l de kirsch

1 Lavez et séchez les griottes, puis supprimez les feuilles.

2 Versez le kirsh dans un bocal, puis ajoutez les griottes. Laissez reposer pendant quelques jours, puis dégustez toute l'année.

P

COMME

MES

PÉCHÉS MIGNONS

MON GÂTEAU AU CHOCOLAT

Pour 6 à 8 personnes | Préparation : 15 min | Cuisson : 30 min

INGRÉDIENTS

250 g de beurre pommade + un peu pour le moule
160 g de farine + un peu pour le moule
250 g de chocolat
250 g d'œufs
150 g de sucre en poudre

1. Préchauffez le four à 180 °C (th. 6).
2. Beurrez et farinez un moule.
3. Faites fondre le chocolat, puis ajoutez-y le beurre. Mélangez au fouet.
4. Battez les œufs avec le sucre.
5. Mélangez les deux appareils, puis versez la farine en pluie. Mélangez jusqu'à l'obtention d'une pâte homogène. Versez dans le moule, puis enfournez pour 30 min.

Le temps de cuisson sera à ajuster en fonction de la hauteur et du diamètre de votre moule.

BLANC-MANGER
DE MON GRAND RESTAURANT

Pour 8 personnes | Préparation : 1 h | Cuisson : 25 min

INGRÉDIENTS

3 cuil. à soupe de crème anglaise par blanc-manger (voir recette page 187)

Pour les disques de caramel
200 g de sucre en poudre
60 g de glucose (en pâte)
40 cl d'eau

Pour les blancs-mangers
Beurre pommade pour les cercles
5 blancs d'œufs
50 g de sucre en poudre + un peu pour les cercles

1 Confectionnez les disques de caramel : mélangez le sucre, le glucose et l'eau, puis faites chauffer pour réaliser un caramel. Versez-le sur un tapis en silicone ou sur une feuille de papier sulfurisé et laissez refroidir.

2 Préchauffez le four à 180 °C (th. 6).

3 Quand le caramel est pris, mixez-le en une fine poudre. À l'aide d'une passette, tamisez la poudre sur une plaque recouverte de papier sulfurisé, dans des pochoirs de 5 à 6 cm de diamètre. Passez quelques secondes au four pour faire fondre le caramel et former des disques. Sortez-les du four et réglez le thermostat à 90 °C (th. 3).

4 Préparez les blancs-mangers : chemisez de beurre et de sucre 8 cercles de 5 à 6 cm de diamètre. Montez les blancs en neige. Serrez-les avec le sucre. À l'aide d'une poche à douille, déposez les blancs en neige au fond des cercles, en remontant sur les côtés pour former un puits au centre. Déposez délicatement dans ce puits 1 cuil. à soupe de crème anglaise, recouvrez de blanc en neige et lissez à l'aide d'une spatule.

5 Enfournez pour 10 min. À la fin de la cuisson, sortez les blancs-mangers du four et laissez-les reposer 1 min avant de les démouler délicatement.

6 Dressez un blanc-manger dans chaque assiette et déposez délicatement un disque de caramel sur le dessus.

MILLEFEUILLE
À LA RHUBARBE

Pour 4 personnes | Préparation : 30 min | Cuisson : 30 min

INGRÉDIENTS

2 tiges de rhubarbe
10 g de beurre
1 pincée de sucre en poudre
400 g de feuilletage (voir recette page 181)
100 g de crème pâtissière (voir recette page 190)
Sucre glace

1 Préchauffez le four à 180 °C (th. 6).

2 Lavez, puis épluchez la rhubarbe et coupez-la en tronçons. Déposez-les dans un plat à gratin avec le beurre et le sucre, puis enfournez pour 10 min.

3 Étalez le feuilletage sur 5 mm d'épaisseur, faites-le cuire au four pendant 20 min, puis saupoudrez-le de sucre glace et faites-le caraméliser sous le gril du four (restez devant !). Coupez ensuite 12 carrés de 10 x 10 cm dans le feuilletage.

4 À l'aide d'une poche munie d'une douille lisse de 10 mm de diamètre, déposez la crème pâtissière sur 8 rectangles de feuilletage.

5 Coupez les tronçons de rhubarbe en bâtonnets et déposez-les sur la crème pâtissière. Arrosez-les du jus de cuisson.

6 Superposez deux à deux les carrés de feuilletage garnis de crème pâtissière, puis fermez les millefeuilles avec les derniers carrés de feuilletage. Servez sans attendre.

Le millefeuille, je le préfère léger et irrégulier, c'est pour cette raison que je ne presse pas le feuilletage entre 2 plaques lorsque je le fais cuire. Je vous livre ici ma version du millefeuille à la rhubarbe, mais vous pouvez aussi le préparer avec des fraises des bois…

MA VERSION DE LA FORÊT-NOIRE

Pour 4 personnes | Préparation : 15 min

INGRÉDIENTS

160 g de biscuit Sacher chocolat ou *sponge cake* chocolat (voir recettes pages 183 et 191)
40 cl de jus de griottes
40 g de griottes au sirop
280 g de chantilly légère (voir recette page 189)
40 g de chocolat noir
Quelques amandes fraîches et émondées

1 Réduisez le morceau de gâteau au chocolat en miettes et déposez-les au fond de 4 coupes.

2 Versez 10 cl de jus de griottes dans chaque coupe pour imbiber le gâteau, puis ajoutez les griottes au sirop.

3 Siphonnez la chantilly légère. Râpez au-dessus des copeaux de chocolat, puis saupoudrez d'amandes. Déposez une griotte sur le dessus de chaque forêt-noire.

J'aime bien remplacer le gâteau au chocolat par des biscuits à la cuiller ou du *sponge cake*, ou remplacer les griottes par des cerises. Personnellement, j'ajoute des amandes fraîches mais des amandes effilées feront également l'affaire.

CAKE MARBRÉ
POUR MON GOÛTER

Pour 6 personnes | Préparation : 15 min | Cuisson : 1 h

INGRÉDIENTS

2 gousses de vanille
125 g de beurre pommade
370 g de sucre en poudre
125 g d'œufs
20 g de jaune d'œuf
250 g de crème liquide
275 g de farine
5 g de levure chimique
25 g de cacao en poudre

Pour le sirop
50 cl d'eau
150 g de sucre en poudre
3 gousses de vanille

Pour le glaçage
125 g de pâte à glacer brune
(ou, à défaut, de chocolat noir)
50 g de chocolat noir
12 g d'huile végétale

1 Préchauffez le four à 180 °C (th. 6).

2 Fendez les gousses de vanille dans le sens de la longueur et, à l'aide de la pointe d'un couteau, grattez-les pour en récupérer les graines.

3 Mélangez le beurre avec le sucre, les œufs, le jaune d'œuf, la vanille et 1 pincée de sel. Ajoutez la crème liquide, la farine et la levure chimique.

4 Séparez l'appareil en deux parts égales et ajoutez dans l'une des deux le cacao en poudre.

5 Dans un moule à cake, déposez des morceaux de papier sulfurisé préalablement découpés à la taille du fond et des côtés du moule, graissez-les, puis déposez une couche d'appareil à cake nature, puis une couche d'appareil au cacao, une seconde couche d'appareil nature, puis finissez avec une couche d'appareil au cacao.

6 Enfournez pour 10 min, puis terminez la cuisson à 150 °C (th. 5) pendant 50 min environ. Vérifiez la cuisson en plantant la pointe d'un couteau dans le cake (elle doit en ressortir sèche).

7 Préparez le sirop : faites fondre le sucre et les gousses de vanille dans l'eau et portez à ébullition. À la sortie du four, versez le sirop sur le cake, puis laissez le cake s'égoutter sur une grille. Laissez reposer au frais.

8 Préparez le glaçage : faites fondre la pâte à glacer, le chocolat et l'huile au bain-marie jusqu'à 50 °C, puis laissez refroidir à 30 °C et déposez le glaçage sur le cake. Laissez figer à température ambiante.

CHOU-CHOU PRALINÉ
DE MA PÂTISSERIE

Pour 10 choux | Préparation : 45 min | Cuisson : 45 min | Réfrigération : 6 h

INGRÉDIENTS

500 g de pâte à choux
(voir recette page 184)

Pour le streusel
25 g de sucre en poudre
25 g de farine
25 g de poudre d'amandes
1 pincée de sel
25 g de beurre

Pour la crème pâtissière pralinée
4 jaunes d'œufs
60 g de sucre en poudre
30 g de poudre à crème
5 cl de crème liquide
28 cl de lait
70 g de pâte de noisettes
110 g de pralin
150 g de beurre

1 Préchauffez le four à 160 °C (th. 5-6).

2 Préparez le streusel : mélangez le sucre, la farine et la poudre d'amandes. Ajoutez le sel, puis le beurre en morceaux. Pétrissez jusqu'à l'obtention d'une pâte homogène. Réservez au réfrigérateur.

3 Entre 2 feuilles de papier sulfurisé, étalez la pâte au rouleau sur 1 mm d'épaisseur. Détaillez des disques de 5 cm de diamètre, à l'aide d'un emporte-pièce.

4 Mettez la pâte à choux dans une poche à douille et formez, sur une feuille de papier sulfurisé, 10 choux d'environ 5 cm et 10 choux d'environ 2 cm de diamètre.

5 Disposez un disque de streusel sur chaque gros chou et enfournez pour 30 min pour les gros choux et 20 min pour les petits.

6 Confectionnez la crème pâtissière pralinée : faites blanchir les jaunes d'œufs avec le sucre et la poudre à crème. Versez dessus la crème et le lait préalablement portés à ébullition. Transvasez la préparation dans la casserole, puis portez le tout à ébullition. Laissez refroidir et une fois que le mélange est tempéré, ajoutez la pâte de noisettes, le pralin et le beurre en morceaux. Mixez jusqu'à l'obtention d'une crème homogène, puis réservez au réfrigérateur pendant au moins 6 h.

7 Une fois que le mélange a reposé, montez-le au batteur avant d'en garnir les choux à l'aide d'une douille cannelée n° 12.

8 Insérez le petit chou préalablement garni de pralin, dans le gros chou, lui-même garni de la crème pâtissière pralinée.

J'ai créé ce chou à l'ouverture de ma pâtisserie que j'ai depuis revendue. Ce dessert est très vite devenu emblématique. Je voulais faire une religieuse différente et j'ai mis le petit chou à l'intérieur du gros chou.

CHOUX À LA CRÈME
À L'ÉPICÉA ET AU MIEL DE SAPIN

Pour 20 petits choux | Préparation : 15 min

INGRÉDIENTS

10 petits choux (voir recette page 184)
25 cl de crème liquide
50 g de mascarpone
1 cuil. à soupe de miel de sapin + un peu pour le dressage
5 g de poudre d'épicéa + un peu pour le dressage

1 Coupez les choux en deux.

2 Montez la crème avec le mascarpone à l'aide d'un batteur électrique. Ajoutez le miel et la poudre d'épicéa, puis mélangez délicatement.

3 Mettez cette préparation dans une poche à douille et garnissez les choux. Saupoudrez de poudre d'épicéa et fermez les choux.

4 Déposez un filet de miel sur chaque chou et servez sans attendre.

Lors d'une promenade en forêt, ramassez une branche de sapin, faites-la sécher, puis mixez-la finement. Attention, la poudre d'épicéa est forte en goût et en parfum : dosez-la avec parcimonie.

GRATIN DE POMMES
COMME DANS MES RÊVES

Pour 4 personnes | Préparation : 15 min | Cuisson : 25 min

INGRÉDIENTS

4 pommes
30 g de beurre + un peu pour le plat
20 g de sucre en poudre
2 cuil. à soupe de calvados

Pour le lait de poule
10 jaunes d'œufs
50 g de sucre en poudre
35 cl de lait

1 Préchauffez le four à 160 °C (th. 5-6). Beurrez un plat à gratin ovale.

2 Lavez, épluchez et coupez les pommes en quartiers. Faites fondre le beurre dans une poêle et faites-y dorer les pommes avec le sucre.

3 Préparez le lait de poule : battez les jaunes d'œufs avec le sucre, puis ajoutez le lait.

4 Disposez les quartiers de pommes dans le plat à gratin, puis versez délicatement l'appareil. Enfournez pour 20 min.

5 À la sortie du four, flambez le gratin de pommes au calvados.

C'est une recette issue de mon imaginaire, qui fait très restaurant et qui est pourtant très simple à faire.

PARFAIT RÉGLISSE

Pour 8 personnes | Préparation : 20 min | Cuisson : 10 min | Repos : 12 h

INGRÉDIENTS

12 cl d'eau
130 g de sucre en poudre
8 jaunes d'œufs
50 g de poudre de réglisse
50 cl de crème liquide

Pour le dressage
1 morceau de chocolat noir
1 bâton de réglisse
Le zeste de 1 citron vert

1 Faites un sirop avec l'eau et le sucre, versez-le bouillant sur les jaunes. Montez le mélange à l'aide d'un batteur électrique et fouettez jusqu'à complet refroidissement.

2 Ajoutez la poudre de réglisse, puis la crème préalablement montée en chantilly. Versez dans un plat et faites durcir au congélateur pendant au moins 12 h.

3 Pour le dressage, râpez de fins copeaux de chocolat et le bâton de réglisse sur le parfait. Saupoudrez de zeste de citron vert.

MA VERSION DE LA CRÈME CARAMEL

Pour 6 personnes | Préparation : 30 min | Repos : 7 h | Cuisson : 3 h

INGRÉDIENTS

Pour le caramel au beurre salé
150 g de sucre en poudre
8 cl d'eau
6 cl de crème liquide
45 g de beurre doux
3 g de fleur de sel

Pour la crème brûlée
75 cl de lait demi-écrémé
25 cl de crème liquide
160 g de sucre en poudre
2 gousses de vanille
20 cl de jaunes d'œufs

1 Réalisez le caramel au beurre salé : mettez le sucre dans une casserole avec 5 cl d'eau et laissez cuire jusqu'à l'obtention d'un caramel. Dans une autre casserole, faites bouillir la crème liquide avec 3 cl d'eau pour déglacer le caramel : incorporez ce mélange petit à petit, puis terminez avec le beurre et la fleur de sel. Versez dans le fond des ramequins et réservez au frais.

2 Préparez la crème brûlée : faites chauffer doucement la moitié du lait et de la crème avec le sucre et les gousses de vanille fendues et grattées. Versez ce mélange chaud sur le reste des ingrédients. Laissez reposer 1 h au réfrigérateur, puis versez l'appareil dans les ramequins, sur la sauce caramel.

3 Préchauffez le four à 90 °C (th. 3), puis enfournez les ramequins et laissez cuire 2 h 30. Réservez au réfrigérateur pendant 6 h avant de déguster.

Cette recette ne ressemble pas à la crème caramel traditionnelle car je réalise une crème brûlée à la place d'une crème aux œufs et un caramel au beurre demi-sel à la place d'une sauce caramel : c'est bien meilleur ainsi, selon moi !

PANNA COTTA
AUX FRAMBOISES

Pour 4 personnes | Préparation : 15 min | Cuisson : 5 min | Réfrigération : 2 h

INGRÉDIENTS

3 feuilles de gélatine
60 cl de crème liquide
70 g de sucre en poudre
100 g de framboises fraîches

1 Faites tremper la gélatine dans un bol d'eau glacée pendant quelques minutes, puis égouttez-la.

2 Faites chauffer la crème avec 60 g de sucre à feu doux, puis ajoutez la gélatine. Une fois que la gélatine a fondu, versez la préparation dans des ramequins et laissez prendre au réfrigérateur pendant au moins 2 h.

3 Faites mariner les framboises dans le reste de sucre 2 h avant de servir.

4 Une fois que la panna cotta a pris, disposez les framboises sur le dessus.

- C'est une recette simple mais excellente. Pour la rendre encore plus intéressante, n'hésitez pas à ajouter quelques fleurs et feuilles de sauge ou de thym citron.
- Par ailleurs, je préfère couler la panna cotta dans un moule pas trop profond pour qu'il y ait moins d'épaisseur et que ce soit moins écœurant.

MINESTRONE DE FRUITS

Pour 2 à 4 personnes | Préparation : 20 min

INGRÉDIENTS

1 pomme verte
½ ananas
1 orange
½ mangue
1 banane
1 poire
Quelques brins de coriandre
Le jus de 1 citron vert
1 fruit de la Passion

1 Lavez et épluchez les fruits. À l'aide d'une mandoline, détaillez-les en lamelles, puis en petits cubes. Ciselez la coriandre.

2 Avec les parures des fruits, réalisez un jus. Filtrez-le au chinois, puis versez-le sur les fruits en cubes et mélangez.

3 Ajoutez la coriandre ciselée, le jus de citron vert et la pulpe du fruit de la Passion. Servez bien frais.

Adaptez la recette en fonction des fruits de saison. N'hésitez pas non plus à varier les herbes fraîches (ce minestrone fonctionne aussi très bien avec du basilic) ou à ajouter des pignons de pin.
Vous pouvez aussi verser un filet de vin sucré (rivesaltes, sauternes, beaumes-de-venise, par exemple) au moment où vous mixez les pommes.

FRUIDITÉS D'ÉTÉ

Pour 2 personnes | Préparation : 10 min

INGRÉDIENTS

⅓ de bâton de rhubarbe
2 pêches
2 abricots
10 framboises
1 grappe de groseilles
1 à 2 feuilles de verveine
Le zeste râpé et le jus de 1 citron vert

1 Épluchez la rhubarbe. Coupez la rhubarbe, les pêches et les abricots en fins bâtonnets. Coupez les framboises en deux. Égrainez la grappe de groseilles. Effeuillez et ciselez la verveine.

2 Mélangez délicatement les fruits et la verveine.

3 Ajoutez le zeste et le jus de citron vert, mélangez et dressez.

Je vous livre ici ma version d'une recette dont l'intitulé m'a été inspiré par Xavier Koenig.

FRUIDITÉS D'HIVER

Pour 2 personnes | Préparation : 10 min

INGRÉDIENTS

1 kiwi
1 pomme verte
1 pomme rouge
1 mangue
2 feuilles de menthe
6 feuilles de coriandre
1 fruit de la Passion
1 cuil. à soupe d'huile d'olive

1 Épluchez le kiwi. Coupez le kiwi, les pommes, la mangue en fins bâtonnets. Effeuillez et ciselez la menthe et la coriandre.

2 Mélangez délicatement les fruits et des herbes.

3 Coupez le fruit de la Passion en deux et récupérez les graines. Mélangez-les avec l'huile d'olive. Versez dans les fruits et mélangez comme une salade.

Dans cette deuxième version, j'ai adapté la recette en fonction des fruits de saison.

PÊCHES ET FRAMBOISES
GRATINÉES AUX DRAGÉES

Pour 4 personnes | Préparation : 10 min | Cuisson : 30 min

INGRÉDIENTS

4 pêches blanches
40 g de beurre
50 framboises
10 dragées concassées

Pour la crème d'amande
50 g de beurre pommade
50 g de sucre en poudre
50 g de poudre d'amandes
1 œuf
10 g de farine

1 Préchauffez le four à 220 °C (th. 7-8).

2 Coupez les pêches en deux, puis dénoyautez-les.

3 Déposez les demi-pêches dans un plat à gratin. Mettez sur chaque demi-pêche 5 g de beurre. Enfournez pour 10 min.

4 Réalisez la crème d'amande : mélangez le beurre pommade et le sucre, puis ajoutez la poudre d'amandes, l'œuf et enfin la farine.

5 Sortez le plat du four, puis déposez 1 cuil. à café de crème d'amande sur chaque demi-pêche. Ajoutez 6 à 7 framboises, puis de nouveau de la crème d'amande. Si certaines framboises ne sont pas belles, écrasez-les au fond du plat. Enfournez de nouveau pour 20 min, puis saupoudrez de dragées concassées.

6 À la sortie du four, laissez reposer quelques minutes pour déguster tiède.

Le temps de cuisson dépend de la maturité des pêches. Cette recette fonctionne aussi très bien avec des brugnons. En hiver, on peut adapter cette recette avec des fruits de saison.

BROCHETTE D'ABRICOTS
À LA RÉGLISSE

Pour 2 personnes | Préparation : 5 min | Cuisson : 15 min

INGRÉDIENTS

1 bâton de réglisse
8 abricots
15 g de beurre
1 cuil. à café de sucre en poudre
Le jus de 1 citron vert

1. Préchauffez le four à 180 °C (th. 6).
2. Fendez un bâton de réglisse en deux. Coupez les abricots en deux et dénoyautez-les, et piquez-les sur les bâtons de réglisse.
3. Dans une poêle ou une casserole qui passe au four, faites fondre le beurre avec le sucre. Déposez les brochettes et faites-les dorer pendant 5 min, puis faites-les cuire 10 min au four.
4. Ajoutez dans la poêle 1 cuil. à soupe d'eau et quelques gouttes de jus de citron vert.
5. Dressez dans des assiettes creuses et nappez les brochettes du jus de cuisson.

* *

Pour intensifier le goût, j'aime bien râper un bâton de réglisse à l'aide d'une microplane ou d'une aure râpe.

PÊCHES RÔTIES
AUX GROSEILLES ET VERVEINE

Pour 2 personnes | Préparation : 15 min | Cuisson : 25 min

INGRÉDIENTS

2 pêches
30 g de beurre
2 cuil. à café de sucre en poudre
½ barquette de groseilles (ou, à défaut, de framboises)
1 branche de verveine + 2 feuilles pour le dressage

1 Préchauffez le four à 180 °C (th. 6).

2 Faites fondre le beurre et le sucre dans une poêle, puis ajoutez les pêches, les groseilles et la branche de verveine et laissez rôtir pendant 15 min. Lorsque les groseilles ont bien compoté, écrasez-les et filtrez le jus au chinois avant de le remettre dans la poêle et d'en napper les pêches.

3 Enfournez pour 10 min. Nappez régulièrement les pêches de jus de groseilles.

4 Dressez dans des assiettes creuses, arrosez les pêches de jus de groseille, servez avec 1 feuille de verveine.

* *

J'adore aussi remplacer les groseilles par des framboises. Par ailleurs, étant originaire de la vallée du Rhône, qui est l'une des principales régions productrices de pêches, c'est un fruit qui a bercé mon enfance.

ABRICOTS POÊLÉS
EN FEUILLES DE TILLEUL

Pour 2 personnes | Préparation : 15 min | Cuisson : 15 min

INGRÉDIENTS

25 g de beurre
6 abricots
20 g de sucre en poudre
1 cl d'alcool d'abricot
Fleurs fraîches de tilleul (ou, à défaut, fleurs sèches que vous trouverez chez un herboriste)
Le jus de 1 citron vert

1 Préchauffez le four à 180 °C (th. 6).

2 Faites blondir le beurre dans une poêle à feu doux, puis ajoutez les abricots entiers. Laissez-les rôtir doucement pendant 3 à 4 min, en les retournant une fois.

3 Ajoutez le sucre et flambez à l'alcool d'abricot.

4 Déglacez avec 1 cuil. à soupe d'eau. Couvrez la poêle et enfournez pour 5 min.

5 Déposez des fleurs de tilleul sur les abricots et laissez infuser pendant 5 min à petit feu, puis ajoutez le jus de citron vert. Servez sans attendre.

Mon grand-père paternel était herboriste dans le Vercors et le tilleul représente toute mon enfance, c'est pourquoi j'ai voulu faire ce plat.

ANANAS AU FOUR
À LA RÔTISSOIRE, COMME AU CLOVER GRILL

Pour 6 personnes | Préparation : 40 min | Cuisson : 2 h 30

INGRÉDIENTS

1 ananas avion
100 g de sucre en poudre
1 gousse de vanille
10 cl d'eau
1 pincée de piment d'Espelette + un peu pour le dressage

1 Lavez, puis pelez à vif l'ananas en conservant les épluchures pour le sirop.

2 Préparez le sirop : mélangez dans une casserole le sucre, les épluchures de l'ananas et l'eau, portez à ébullition, puis laissez frémir pendant 1 h. Passez le sirop au chinois, puis ajoutez la gousse de vanille fendue et grattée et le piment d'Espelette.

3 Préchauffez le four à 170 °C (th. 5-6).

4 Embrochez l'ananas et faites-le cuire 1 h 30 à la broche dans le four en l'arrosant de sirop toutes les 15 min. Coupez l'ananas en tranches à la fin de la cuisson.

C'est une recette que je propose dans mon nouveau restaurant Clover Grill, accompagnée d'une glace citronnelle-mélisse.

PAPILLOTE
DE MANGUE AU FOUR

Pour 2 personnes | Préparation : 5 min | Cuisson : 10 min

INGRÉDIENTS

1 mangue
1 bâton de citronnelle
15 g de beurre
2 cuil. à café de cassonade
Le jus de 1 citron vert
2 cuil. à café de rhum blanc

1 Préchauffez le four à 220 °C (th. 7-8).

2 Lavez la mangue à l'eau claire puis coupez-la en deux. Faites un quadrillage sur la chair, puis retournez la peau. Répétez l'opération sur la seconde moitié de la mangue.

3 Coupez le bâton de citronnelle en deux, puis fendez-le, dans le sens de la longueur, en quelques brins.

4 Placez une moitié de mangue sur un morceau de papier d'aluminium de 50 cm de long. Déposez sur la chair de mangue quelques brins de citronnelle, la moitié du beurre et saupoudrez de 1 cuil. à café de cassonade. Arrosez du jus de ½ citron vert et de 1 cuil. à café de rhum. Fermez la papillote. Préparez de la même manière la seconde moitié de mangue.

5 Enfournez pour 10 min. Dégustez sans attendre.

CROUSTILLANTS CHOCO-BANANE, PASSION-MENTHE

Pour 2 personnes | Préparation : | Cuisson :

INGRÉDIENTS

1 banane
4 feuilles de brick
30 g de beurre
50 g de pépites de chocolat noir
Sucre glace

Pour l'accompagnement
1 filet d'huile d'olive
1 fruit de la Passion
1 cuil. à soupe de rhum
5 feuilles de menthe

1 Préchauffez le four à 180 °C (th. 6).

2 Pelez la banane, puis coupez-la en deux dans la longueur, puis chaque moitié en 4 tronçons. Coupez 2 grands rectangles dans chaque feuille de brick.

3 Faites fondre le beurre, puis, à l'aide d'un pinceau, beurrez les feuilles de brick des deux côtés. Déposez au centre de chaque feuille 1 tronçon de banane et quelques pépites de chocolat.

4 Roulez les feuilles de brick de manière à former des rouleaux. Déposez-les sur la plaque du four. Saupoudrez de sucre glace et enfournez pour 10 min.

5 Coupez le fruit de la Passion en deux et récupérez les graines, mélangez-les avec l'huile d'olive, le rhum et les feuilles de menthe ciselées. Servez avec les rouleaux.

FLEURS DE PÊCHE
AUX DRAGÉES

Pour 2 personnes | Préparation : 15 min

INGRÉDIENTS

2 pêches blanches
2 à 3 dragées concassées

1 Coupez les pêches en tranches fines à l'aide d'une mandoline. Superposez les tranches deux à deux, puis roulez-les de manière à former une fleur.

2 Déposez une fleur dans chaque assiette de service, puis saupoudrez de dragées concassées.

- Il est possible d'aromatiser ces fleurs de pêche avec un sucre parfumé à la verveine.
- Cette recette nécessite un peu de dextérité mais c'est un clin d'œil à l'une des recettes signature de mon Grand Restaurant : une rose de céleri rave cuit sur de la flouve odorante au four, beurre battu infusé des peaux, bergamote.

ARTISAN

BANANE GRILLÉE
EN BANANA SPLIT

Pour 2 personnes | Préparation : 10 min | Cuisson : 5 min

INGRÉDIENTS

2 bananes
2 noisettes de beurre
2 cuil. à café de sucre en poudre
2 cuil. à café de confiture de fraises
2 boules de glace au chocolat
2 boules de crème Chantilly légère (voir recette page 189)
2 cuil. à café d'amandes sablées

1 Lavez et coupez la banane en deux dans la longueur en conservant la peau.

2 Dans une poêle, faites fondre le beurre et le sucre, puis faites griller la banane côté chair pendant 5 min, jusqu'à ce qu'elle soit dorée.

3 Tartinez la chair de la banane de confiture de fraises, puis dressez dans des assiettes de service.

4 Ajoutez une boule de glace au chocolat et une autre de chantilly légère dans chaque assiette. Saupoudrez d'amandes sablées et dégustez aussitôt.

* *

J'aime bien ajouter le zeste de 1 citron vert, il viendra réveiller ce dessert.

ESQUIMAUX

Pour personnes | Préparation : | Congélation : | Cuisson :

INGRÉDIENTS

400 g de lait
100 g de crème liquide
2 gousses de vanille
60 g de sucre en poudre
6 jaunes d'œufs
20 g de glucose atomisé (facultatif)

Pour le glaçage
250 g de pâte à glacer
(en magasins spécialisés)
100 g de chocolat noir
24 g d'huile de pépin de raisin
Quelques noisettes caramélisées concassées

1 Mettez le lait dans une casserole avec la crème et les gousses de vanille fendues et grattées, portez à ébullition, puis laissez infuser quelques minutes hors du feu. Ajoutez la moitié du sucre.

2 Battez les jaunes d'œufs avec le reste du sucre et le glucose. Versez-y le liquide chaud, remuez, puis versez de nouveau la préparation dans la casserole pour la faire cuire à 82 °C, jusqu'à ce qu'elle nappe la cuillère.

3 Laissez refroidir et turbinez dans la machine à glace. Versez la glace à la vanille dans des moules à esquimaux et placez un bâtonnet dans chaque moule. Laissez prendre au congélateur pendant 12 h.

4 Préparez le glaçage : mettez tous les ingrédients à fondre au bain-marie, puis laissez refroidir jusqu'à 28 °C.

5 Nappez les esquimaux de glaçage au chocolat et laissez prendre quelques minutes.

CHURROS
SAUCE CHOCOLAT

Pour 8 personnes | Préparation : 40 min | Cuisson : 15 min

INGRÉDIENTS

250 g de lait
100 g de beurre
5 g de sel
5 g de sucre en poudre
1 gousse de vanille
200 g de farine
3 œufs
Huile végétale (pour la friture)

Pour la sauce au chocolat
200 g de lait
20 g de glucose liquide
100 g de chocolat à 70 % de cacao
85 g de Nutella®

1 Versez le lait dans une casserole, avec le beurre, le sel, le sucre et la gousse de vanille fendue et grattée. Faites chauffer à feu moyen.

2 Quand le beurre est fondu et que le liquide bout, versez la farine tamisée, puis séchez l'appareil sur le feu comme pour une pâte à choux.

3 Transvasez l'appareil dans la cuve d'un robot et travaillez-le à la feuille.
Quand toute la vapeur s'est échappée, incorporez les œufs un à un jusqu'à l'obtention d'une pâte brillante.

4 Formez des churros à l'aide d'une poche munie d'une douille cannelée. Faites-les cuire en friteuse après avoir préchauffé l'huile à 180 °C.

5 Préparez la sauce au chocolat : versez le lait dans une casserole, portez à ébullition, puis ajoutez le glucose. Versez le lait bouillant sur le chocolat coupé en morceaux et le Nutella®. Mélangez bien jusqu'à l'obtention d'une sauce lisse. Servez avec les churros chauds.

MADELEINES À LA ROSE

Pour madeleines | Préparation : | Cuisson :

INGRÉDIENTS

120 g de beurre
140 g d'œufs
30 g de jaunes d'œufs
110 g de sucre en poudre
100 g de farine
5 g de levure chimique
2 g de sel
2 gouttes d'arôme de rose
100 g de miel
1 goutte d'arôme de géranium bourbon
Les pétales de 1 rose bio
50 g de beurre pour le moule
50 g de farine pour le moule

1 Préchauffez le four à 200 °C (th. 6-7).

2 Dans une casserole, faites fondre le beurre.

3 Dans un saladier, déposez les œufs entiers, puis les jaunes. Versez le sucre et mélangez au fouet. Ajoutez la farine et la levure, puis le sel. Fouettez énergiquement en allant du centre vers l'extérieur. Ajoutez l'arôme de rose.

4 Versez le beurre fondu en plusieurs fois dans le mélange. Fouettez bien entre chaque ajout. Mettez la préparation dans une poche à douille.

5 Beurrez et farinez un moule à madeleines. Pochez les madeleines en ne remplissant les moules qu'au quart (cette technique permet d'avoir la petite bosse de la madeleine). Enfournez 8 à 10 min (suivant le moule).

6 Placez le miel dans une petite poche. Réalisez un petit trou dans chaque madeleine et insérez du miel.

7 Découpez des ronds dans les pétales de rose à l'aide d'un emporte-pièce.

8 Déposez une pointe de miel sur la bosse de chaque madeleine et posez-y un pétale de rose.

2015

COOKIES AUX NOISETTES
POUR MON FILS

Pour 30 cookies | Préparation : 15 min | Cuisson : 8 min

INGRÉDIENTS

215 g de beurre demi-sel pommade
170 g de sucre en poudre
25 g de jaunes d'œufs
80 g d'extrait de vanille liquide
365 g de farine
½ sachet de levure chimique
215 g de cassonade
375 g de chocolat noir
50 g de noisettes
40 g de blancs d'œufs

1. Préchauffez le four à 150 °C (th. 5).
2. Mixez le beurre, le sucre, les jaunes d'œufs, les blancs d'œufs et l'extrait de vanille jusqu'à l'obtention d'un mélange homogène.
3. Ajoutez la farine, la levure chimique et la cassonade. À la fin, incorporez le chocolat et les noisettes concassés.
4. À l'aide d'une cuillère à glace, prélevez des portions de pâte et déposez-les sur une plaque en Téflon®.
5. Enfournez pour 8 min.

* *

C'est une recette que mon fils adore.

Antoine

MACARONS
VANILLE-CHOCOLAT

Pour 40 macarons | Préparation : | Cuisson :

INGRÉDIENTS

Pour le crémeux au chocolat
25 cl de lait
25 cl de crème liquide
4 jaunes d'œufs
300 g de chocolat kalingo

Pour les coques de macaron
200 g de poudre d'amandes
200 g de sucre glace
10 g de poudre de vanille
200 g de sucre en poudre
5 blancs d'œufs

1 Préparez le crémeux : portez le lait et la crème à ébullition, puis incorporez les jaunes d'œufs et faites cuire comme une crème anglaise. Versez le mélange chaud sur le chocolat coupé en morceaux, mixez et laissez refroidir avant de laisser prendre au réfrigérateur.

2 Préchauffez le four à 170 °C (th. 5-6).

3 Réalisez les coques de macaron : mixez la poudre d'amandes et le sucre glace jusqu'à l'obtention d'une poudre fine. Ajoutez la poudre de vanille. Réservez.

4 Mettez le sucre en poudre dans une casserole, ajoutez 5 cl d'eau, puis faites chauffer le mélange à 120 °C.

5 Divisez en deux portions les blancs d'œufs et montez-en la moitié en neige, puis incorporez progressivement le sirop, sans cesser de fouetter, jusqu'à l'obtention d'une meringue italienne.

6 Ajoutez les blancs restants au mélange poudre d'amandes-sucre glace, jusqu'à l'obtention d'une pâte homogène, puis incorporez la meringue italienne et mélangez.

7 Pochez des boules de pâte sur un tapis en silicone à l'aide d'une poche à douille et faites cuire pendant 12 min au four.

8 Assemblez les meringues deux à deux en les fourrant de crémeux au chocolat au centre.

ROCHERS CHOCO-NOISETTES

Pour 25 rochers | Préparation : 25 min | Repos : 12 h | Cuisson : 5 min

INGRÉDIENTS

Pour le chocolat praliné
250 g de praliné noisette
50 g de gianduja au lait
50 g de beurre de cacao
150 g de feuillantine

Pour l'enrobage
300 g de chocolat
15 g de beurre de cacao
150 g de noisettes hachées

1 Préparez le chocolat praliné : faites fondre le praliné, le gianduja et le beurre de cacao au bain-marie, puis ajoutez la feuillantine. Versez dans un cercle à pâtisserie (de préférence carré) sur 2 cm d'épaisseur et laissez refroidir 12 h. Détaillez en cubes.

2 Préparez l'enrobage : faites fondre le chocolat et le beurre de cacao, puis incorporez les noisettes hachées préalablement torréfiées. Plongez les carrés de feuillantine dans cette préparation. Conservez les rochers au froid.

Si vous avez de la brioche, vous pouvez y insérer un de ces rochers. Quand la brioche cuit, le rocher fond et le résultat est divin.

GUIMAUVES

Pour 30 pièces | Préparation : 20 min | Cuisson : 15 min

INGRÉDIENTS

110 g de blancs d'œufs
30 g de gélatine
625 g de sucre en poudre
190 g d'eau
85 g de glucose
60 g d'eau de fleur d'oranger
40 g fécule de pomme de terre

1 Montez les blancs en neige à l'aide d'un batteur électrique.

2 Faites tremper la gélatine dans un bol d'eau glacée pendant quelques minutes, puis égouttez-la.

3 Augmentez la vitesse du batteur pour monter les blancs. Mettez à cuire le sucre et l'eau jusqu'à 121 °C puis versez-les sur les blancs. Ajoutez la gélatine et la fleur d'oranger.

4 Versez dans un cercle à pâtisserie (de préférence carré) sur 2 cm et laissez prendre au réfrigérateur.

5 Détaillez la pâte en cubes et roulez-les dans la fécule de pomme de terre.

Une fois que vous maîtrisez leur cuisson, les guimauves sont un vrai terrain d'expression. Vous pouvez ajouter à la recette de base de l'eau de rose, des zestes d'orange, etc.

CARAMELS AU BEURRE
DEMI-SEL

Pour 30 caramels	Préparation : 20 min	Cuisson : 20 min

INGRÉDIENTS

400 g de sucre en poudre
200 g de crème liquide
60 g de glucose liquide
5 g de fleur de sel
320 g de beurre

1 Versez le sucre dans une casserole, faites-le fondre jusqu'à l'obtention d'un caramel, déglacez-le petit à petit avec la crème, le glucose et la fleur de sel préalablement portés à ébullition. Faites attention aux éclaboussures.

2 Faites chauffer jusqu'à 145 °C (vérifiez la température à l'aide d'un thermomètre) avant d'ajouter le beurre coupé en morceaux.

3 Versez la préparation dans un cercle à pâtisserie (de préférence carré) posé sur une plaque. Réservez au froid, puis détaillez en cubes.

Si vous aimez le caramel peu goûteux, ôtez-le du feu lorsqu'il est encore blond.
Si vous le préférez plus fort, laissez-le cuire jusqu'à ce qu'il soit brun.

R

COMME
MES
RECETTES DE BASE

PÂTE SUCRÉE AUX AMANDES

Préparation : 15 min | Repos : 3 h

INGRÉDIENTS

300 g de beurre
190 g de sucre glace
60 g de poudre d'amandes
3 g de sel
2 g de vanille en poudre
4 gros œufs
500 g de farine

1. Travaillez le beurre pommade, puis ajoutez le sucre glace, la poudre d'amandes, le sel, la vanille, les œufs, puis la farine, jusqu'à l'obtention d'une boule de pâte.
2. Filmez la pâte, puis laissez reposer au frais pendant au moins 3 h.

PÂTE BRISÉE SUCRÉE

Préparation : 20 min | Repos : 2 h

INGRÉDIENTS

1 kg de farine
100 g de sucre en poudre
20 g de sel
500 g de beurre
1 jaune d'œuf
5 cl d'eau

1. Tamisez la farine, puis ajoutez le sucre, le sel et le beurre coupé en petits cubes. Mélangez du bout des doigts.
2. Ajoutez le jaune d'œuf et l'eau. Mélangez sans donner trop de texture à la pâte.
3. Filmez la pâte, puis laissez reposer au frais pendant au moins 2 h.

PÂTE FEUILLETÉE

Préparation : 40 min | Repos : 6 h 30

INGRÉDIENTS

800 g de beurre

Pour la détrempe
20 g de sel
44 cl g d'eau
1 kg de farine
150 g de beurre

1 Réalisez la détrempe : mélangez tous les ingrédients à l'aide d'un batteur électrique jusqu'à l'obtention d'une pâte homogène.

2 Formez un rectangle de pâte, enveloppez-le à l'aide de film alimentaire et laissez reposer pendant 2 h au réfrigérateur.

3 Beurrez et tourez à 3 fois deux tours simples, avec 1 h 30 de repos entre chaque tour.

FEUILLETAGE VIENNOIS

Préparation : 40 min | Repos : 19 h

INGRÉDIENTS

Pour le beurre manié
750 g de beurre
200 g de farine T55

Pour la détrempe
30 g de sel fin
15 cl d'eau minérale
800 g de farine T55
200 g de farine T45
100 g de beurre mou
30 g de sucre en poudre
2 jaunes d'œufs
250 g de lait entier

1 Préparez le beurre manié : coupez le beurre en petits morceaux, puis ajoutez la farine. Mélangez à la main jusqu'à ce que le beurre ait absorbé toute la farine. Formez un rectangle, enveloppez-le de film alimentaire et laissez reposer 2 h au réfrigérateur.

2 Réalisez la détrempe : dans un récipient, faites dissoudre le sel et le sucre dans l'eau et le lait puis versez sur les farines tamisées avec les jaunes d'œufs et le beurre. Pétrissez à la main jusqu'à l'obtention d'une pâte homogène. Formez un rectangle, enveloppez-le de film alimentaire et laissez reposer 2 h au réfrigérateur.

3 Enfermez le beurre manié dans la détrempe. Réalisez un tour simple, puis un tour double, puis laisser reposer 3 h. Répétez l'opération une seconde fois.

4 Laissez reposer 12 h avant utilisation.

BISCUIT SACHER CHOCOLAT

Préparation : 35 min | Cuisson : 30 min

INGRÉDIENTS

200 g de sucre en poudre
160 g de jaunes d'œufs
115 g d'œufs entiers
320 g de pâte d'amandes
190 g de blancs d'œufs
75 g de farine
40 g de cacao en poudre
75 g de chocolat noir
75 g de beurre

1. Préchauffez le four à 180 °C (th. 6).

2. Fouettez 100 g de sucre avec les jaunes, les œufs entiers et la pâte d'amandes à l'aide d'un batteur électrique.

3. Montez les blancs en neige, puis serrez-les avec le reste de sucre.

4. Tamisez la farine avec le cacao en poudre.

5. Faites fondre le chocolat et le beurre au bain-marie et ajoutez-les au mélange sucre-œufs-pâte d'amandes, puis incorporez les blancs en neige. Ajoutez enfin la farine et le cacao en poudre.

6. Étalez sur une plaque à pâtisserie recouverte de papier sulfurisé, puis enfournez pour 30 min.

PÂTE À CHOUX

Préparation : 20 min | Cuisson : 40 min

INGRÉDIENTS

1 l d'eau
20 g de sucre en poudre
400 g de beurre
10 g de sel
600 g de farine
16 œufs

1. Préchauffez le four à 160 °C (th. 5-6).

2. Dans une casserole, portez à ébullition l'eau, le sucre, le beurre coupé en morceaux et le sel.

3. Incorporez la farine en desséchant énergiquement la pâte sur le feu. Transférez la pâte dans un saladier. À l'aide d'une spatule, incorporez les œufs un par un.

4. Mettez la pâte dans une poche à douille et formez les choux sur une feuille de papier sulfurisé. Enfournez pour 30 min.

PÂTE À BRIOCHE

Préparation : 30 min | Repos : 1 h

INGRÉDIENTS

1 kg de farine
20 g de sel
150 g de sucre en poudre
150 g de lait
80 g de levure
8 œufs
600 g de beurre

1. Dans la cuve d'un robot, mélangez la farine, le sel et le sucre.

2. Détendez le lait avec la levure et versez-le dans le mélange farine-sel-sucre. Ajoutez les œufs.

3. Pétrissez jusqu'à l'obtention d'une pâte élastique formant une boule.

4. Ajoutez le beurre très froid coupé en petits cubes et continuez de mélanger jusqu'à ce que la pâte se décolle des parois de la cuve.

5. Laissez pousser 1 h à température ambiante et conservez au frais.

GÉNOISE

Préparation : 20 min | Cuisson : 25 min

INGRÉDIENTS

4 œufs
125 g de sucre en poudre
125 g de farine
30 g de beurre fondu

Pour le moule
20 g de beurre
20 g de farine

1. Préchauffez le four à 180 °C (th. 6).

2. Dans une casserole, faites chauffer de l'eau, puis placez au-dessus un récipient avec les œufs et le sucre. Fouettez jusqu'à l'obtention d'un ruban, puis ajoutez la farine tamisée et le beurre fondu.

3. Beurrez et farinez un moule. Versez-y la génoise. Enfournez pour 25 min.

BISCUIT JOCONDE

Préparation : 40 min | Cuisson : 10 min

INGRÉDIENTS

4 œufs
125 g de sucre glace
125 g de poudre d'amandes
35 g de farine
25 g de beurre fondu
20 g de sucre en poudre
4 blancs d'œufs

1. Préchauffez le four à 220 °C (th. 7-8).

2. Mélangez les œufs entiers avec toutes les poudres, puis fouettez énergiquement.

3. Ajoutez le beurre.

4. Montez les blancs d'œufs en neige avec le sucre, puis incorporez-les dans l'appareil.

5. Étalez sur une plaque à pâtisserie recouverte de papier sulfurisé, puis enfournez pour 10 min.

BISCUITS À LA CUILLER

Préparation : 20 min | Cuisson : 15 min

INGRÉDIENTS

6 blancs d'œufs
130 g de sucre en poudre
6 jaunes d'œufs
65 g de farine
65 g de fécule
30 g de sucre glace

1 Préchauffez le four à 170 °C (th. 5-6).

2 Montez les blancs en neige, puis serrez-les avec le sucre. Ajoutez les jaunes d'œufs à l'aide d'une maryse.

3 Incorporez la farine et la fécule tamisées.

4 À l'aide d'une poche à douille, formez des bâtonnets de pâte sur un tapis en silicone. Saupoudrez-les de sucre glace, puis enfournez pour 15 min.

PÂTE À CIGARETTE

Préparation : 10 min | Cuisson : 7 min

INGRÉDIENTS

250 g de beurre
250 g de sucre glace
225 g de blancs d'œufs
300 g de farine

1 Préchauffez le four à 160 °C (th. 5-6).

2 Mélangez tous les ingrédients.

3 À l'aide d'une cuillère à soupe, réalisez des ronds de pâte sur un tapis en silicone.

4 Enfournez pour 7 min. Décollez délicatement les ronds de pâtes à l'aide d'une spatule.

PÂTE À CRÊPES

Préparation : 10 min | Cuisson : 20 min | Repos : 2 h

INGRÉDIENTS

300 g de farine
30 g de sucre en poudre
2 pincées de sel
3 œufs
750 g de lait
75 g de beurre noisette

1. Mélangez la farine, le sucre et le sel.
2. Creusez un puits et versez-y les œufs, mélangez, puis ajoutez le lait progressivement.
3. Ajoutez le beurre noisette. Mélangez et laissez reposer au frais 2 h.
4. Faites cuire les crêpes à la poêle avec un peu de beurre.

CRÈME ANGLAISE

Préparation : 10 min | Cuisson : 20 min

INGRÉDIENTS

4 gousses de vanille
75 cl de lait demi-écrémé
25 cl de crème liquide
10 jaunes d'œufs
150 g de sucre en poudre

1. Fendez les gousses de vanille dans la longueur et grattez-les, à l'aide de la pointe d'un couteau, pour en récupérer les graines.
2. Dans une casserole, faites bouillir le lait et la crème avec les graines et les gousses de vanille.
3. Fouettez les jaunes avec le sucre, puis ajoutez-les au mélange lait-crème-vanille.
4. Faites cuire à 82 °C. Lorsque la crème nappe la cuillère, débarrassez-la immédiatement dans un récipient froid.

CRÈME AU BEURRE (LA PLUS SIMPLE)

Préparation : 30 min | Cuisson : 10 min

INGRÉDIENTS

4 cl d'eau
200 g de sucre en poudre
2 œufs
2 jaunes d'œufs
250 g de beurre pommade

Il existe beaucoup de recettes de crèmes au beurre. Je vous en livre deux, une simple et une autre plus compliquée mais que je préfère.

1. Dans une casserole, portez à ébullition l'eau et le sucre.

2. Battez les œufs et les jaunes d'œufs.

3. Versez progressivement le sucre cuit au petit boulé (c'est-à-dire jusqu'à 115-117 °C) sur les œufs et fouettez vigoureusement jusqu'à refroidissement, puis ajoutez le beurre mou.

CRÈME AU BEURRE (MA PRÉFÉRÉE)

Préparation : 45 min | Cuisson : 15 min

INGRÉDIENTS

360 g de lait
14 jaunes d'œufs
360 g de sucre en poudre
1,5 kg de beurre pommade
450 g de sucre
15 cl d'eau
10 blancs d'œufs

Pour la meringue italienne
450 g de sucre
150 g d'eau
10 blancs d'œufs

1. Faites chauffer le lait, puis ajoutez les jaunes d'œufs et le sucre, mélangez et réalisez une crème anglaise à 82 °C (voir recette page 187).

2. Réalisez une meringue italienne (voir recette page 192).

3. Fouettez le beurre à l'aide d'un batteur électrique, puis ajoutez la crème anglaise et la meringue italienne.

4. Dès que la crème est cuite, fouettez à l'aide d'un batteur électrique jusqu'à complet refroidissement.

MA CHANTILLY GOURMANDE

Préparation : 10 min

INGRÉDIENTS

2 gousses de vanille
50 cl de crème liquide
100 g de mascarpone
50 g de sucre en poudre

1. Fendez les gousses de vanille dans le sens de la longueur, puis grattez-les, à l'aide de la pointe d'un couteau, pour en récupérer les graines.

2. Mélangez tous les ingrédients et faites-les monter à l'aide d'un batteur électrique jusqu'à l'obtention d'une chantilly.

MA CHANTILLY LÉGÈRE

Préparation : 15 min | Cuisson : 10 min

INGRÉDIENTS

2,5 feuilles de gélatine
30 cl de lait
20 cl de crème liquide
70 g de sucre en poudre
2 gousses de vanille

1. Faites tremper les feuilles de gélatine dans un bol d'eau glacée pendant quelques minutes, puis égouttez-la.

2. Portez à ébullition le lait, la crème, le sucre et les gousses de vanille fendues et grattées.

3. Ôtez les gousses de vanille. Incorporez les feuilles de gélatine, puis mélangez au fouet et laissez prendre au réfrigérateur.

4. Versez dans un siphon avec 2 cartouches de gaz.

CRÈME PÂTISSIÈRE

Préparation : 20 min | Cuisson : 10 min

INGRÉDIENTS

200 g de sucre en poudre
100 g de poudre à crème
8 jaunes d'œufs
1 l de lait
1 gousse de vanille
25 g de beurre

1. Fouettez la moitié du sucre avec la poudre à crème et les jaunes d'œufs, jusqu'à l'obtention d'un mélange homogène.

2. Dans une casserole, portez à ébullition le lait avec le reste de sucre et la gousse de vanille fendue et grattée, puis versez sur le mélange précédent en remuant.

3. Faites cuire à feu moyen jusqu'à ce que la crème épaississe. Ajoutez le beurre. Réservez au frais.

GANACHE AU CHOCOLAT

Préparation : 30 min | Cuisson : 15 min

INGRÉDIENTS

800 g de crème liquide
1 gousse de vanille
1 kg de chocolat de couverture

1. Dans une casserole, portez à ébullition la crème et la vanille fendue et grattée.

2. Versez ce mélange sur le chocolat de couverture, puis mélangez.

3. Laissez prendre au froid.

CRÉMEUX AU CHOCOLAT

Préparation : 10 min | Cuisson : 20 min

INGRÉDIENTS

500 g de lait
500 g de crème liquide
200 g de jaunes d'œufs
700 g de chocolat

1. Dans une casserole, faites bouillir le lait et la crème.
2. Versez une partie sur les jaunes d'œufs, mélangez, puis transvasez le tout dans la casserole.
3. Faites cuire à 82 °C. Lorsque la crème nappe la cuillère, versez-la sur le chocolat coupé en morceaux. Mélangez.
4. Mixez et réservez au froid.

SPONGE CAKE AU CHOCOLAT

Préparation : 15 min | Cuisson : 35 s

INGRÉDIENTS

90 g de sucre en poudre
50 g de farine
30 g de cacao
20 g de Maïzena®
3 g de levure chimique
3 jaunes d'œufs
4 blancs d'œufs
4 cl de lait
15 g de chocolat fondu

1. Mélangez toutes les poudres, puis ajoutez les jaunes d'œufs, les blancs d'œufs, le lait et le chocolat fondu et mélangez de nouveau.
2. Placez 30 cl du mélange dans un siphon de 50 cl, puis ajoutez 2 cartouches de gaz et secouez fortement.
3. Remplissez à moitié un verre de 30 cl en plastique, puis faites cuire au micro-ondes pendant 35 secondes à 800 W. Démoulez et utilisez sans attendre.

MERINGUE FRANÇAISE

Préparation : 20 min | Cuisson : 1 h 30

INGRÉDIENTS

10 blancs d'œufs
300 g de sucre en poudre
300 g de sucre glace

La meringue française est une meringue à cuire que l'on utilise pour la confection de gâteaux comme le vacherin.

1 Montez les blancs en neige et ajoutez le sucre peu à peu.

2 Dès que les blancs sont montés, ajoutez délicatement le sucre glace.

3 Dressez les meringues sur une plaque en silicone en leur donnant la forme souhaitée, puis faites-les cuire entre 80 °C (th. 2-3) et 100 °C (th. 3-4) pendant 1 h 30.

MERINGUE ITALIENNE (MOINS SUCRÉE)

Préparation : 20 min | Cuisson : 10 min

INGRÉDIENTS

275 g de blancs d'œufs
350 g de sucre en poudre
10 cl d'eau

La meringue italienne est une meringue qui s'utilise dans les mousses ou qu'on dépose sur la tarte au citron meringuée.

1 Montez les blancs en neige pas trop ferme avec 25 g de sucre.

2 Dans une casserole, mettez à cuire le reste du sucre et l'eau à 121 °C, puis versez le sucre cuit sur les blancs en neige. Mélangez jusqu'à complet refroidissement.

MERINGUE SUISSE

Préparation : 20 min | Cuisson : 1 h 10

INGRÉDIENTS

250 g de blancs d'œufs
400 g de sucre en poudre

1 Dans un récipient, mélangez les blancs d'œufs et le sucre.

2 Dans une casserole, faites chauffer de l'eau, placez au-dessus le récipient avec les blancs d'œufs et le sucre, puis faites chauffer jusqu'à 45 °C.

3 Une fois la température atteinte, fouettez à l'aide d'un batteur électrique jusqu'à complet refroidissement.

4 Dressez les meringues sur un tapis en silicone en leur donnant la forme souhaitée, puis faites-les cuire entre à 90 °C (th. 3) pendant 1 h.

La meringue suisse est très cassante, on l'utilise pour réaliser les champignons sur les bûches de Noël. C'est également celle que l'on retrouve dans les boulangeries.

GLACE À LA PISTACHE

Préparation : 20 min | Cuisson : 40 min

INGRÉDIENTS

420 g de lait
150 g de crème liquide
14 g de glucose atomisé (facultatif)
20 g de poudre de lait
6 jaunes d'œufs
55 g de sucre en poudre
30 g de pâte de pistache

1 Dans une casserole, faites chauffer le lait et la crème.

2 Ajoutez le glucose, la poudre de lait et faites bouillir.

3 Versez une partie du liquide sur le sucre et les jaunes d'œufs blanchis, puis ajoutez la pâte de pistache mixée. Faites cuire à la nappe à 82 °C comme une crème anglaise.

4 Laissez refroidir, puis turbinez la glace.

GLACE À LA RHUBARBE

Préparation : 20 min | Cuisson : 30 min

INGRÉDIENTS

670 g de rhubarbe
100 g de sauternes (ou beaumes-de-venise ou vin blanc sucré vendange tardive)
1 gousse de vanille
135 g de jaunes d'œufs
200 g de sucre en poudre
150 g de beurre

1 Centrifugez la rhubarbe pour en récupérer le jus.

2 Dans une casserole, faites chauffer le jus et écumez les impuretés.

3 Ajoutez le vin blanc et la gousse de vanille fendue et grattée, puis faites de nouveau chauffer. Faites réduire de moitié.

4 Versez une partie du liquide sur le sucre et les jaunes d'œufs blanchis. Faites cuire à la nappe à 82 °C comme une crème anglaise, puis ajoutez le beurre.

5 Laissez refroidir, puis turbinez la glace.

FINANCIERS

Préparation : 20 min | Repos : 24 h | Cuisson : de 4 à 18 min

INGRÉDIENTS

500 g de sucre glace
500 g de poudre d'amandes
5 blancs d'œufs
92,5 g de fécule de pomme de terre
62,5 g de miel
430 g de beurre noisette

1. Faites cuire le beurre noisette, laissez refroidir puis ajoutez le miel, le sucre glace, la poudre d'amandes et la fécule de pomme de terre. Mélangez.

2. Versez simultanément le beurre et les blancs d'œufs dans un récipient et mélangez énergiquement.

3. Laissez reposer une journée au réfrigérateur.

4. Faites cuire à 190 °C au four ventilé. Le temps de cuisson dépend de la taille des moules : environ 4 min pour des petits moules et 18 min pour un très grand moule.

SIROP À 30°

Préparation : 5 min | Cuisson : 10 min

INGRÉDIENTS

215 g d’eau
290 g de sucre

1 Faites fondre le sucre avec l’eau, portez à ébullition puis débarrassez.

INDEX DES RECETTES

E

F

G

I

L

M

N

O

P

R

S

T

INDEX PAR INGRÉDIENT

Abricot

Amandes

Ananas

Banane

Basilic

Beaumes-de-venise

Biscuits à la cuiller

Brioche

Café

Calvados

Cannelle

Caramel

Cerise

Chantilly

Chocolat

Citronnelle

Citron vert

INDEX PAR INGRÉDIENT (SUITE)

Coing

Cointreau®

Coriandre

Crème anglaise

Crème patissière

Dragées

Figue

Fleur d'oranger

Fraise

Fraise des bois

Framboise

Fruits confits

Fruit de la Passion

Réglisse

Rhubarbe

Rhum

Riz

Rose

Safran

Sangria

Sarriette

Tilleul

Vanille

Verveine

MES RECETTES

MES RECETTES

MES RECETTES

MES RECETTES

DANS CET OUVRAGE, VOUS POUVEZ DÉCOUVRIR D'AUTRES RECETTES DE DESSERTS :

COOKIES

GAUFRES, CARAMEL AU BEURRE SALÉ

CRÈME AUX OEUFS ET À LA BERGAMOTE

LANGUES D'OISEAU COMME UN RIZ AU LAIT

BEIGNETS AUX POMMES

BONBONS À LA FRAISE ET À LA MENTHE

RIZ AU LAIT PARFUMÉ À LA ROSE EN SUSHI

LA BRIOCHE PERDUE QUE J'ADORE

CLAFOUTIS AU CERISES

GÂTEAU À L'ORANGE DE MON ENFANCE

LE SAINT-ANTOINE

LE TOULOUSAIN

SOUFFLÉ AU CITRON VERT

CONFITURE DE FRAISES

JEAN-FRANÇOIS
PIÈGE

Le Grand Restaurant
7, rue d'Aguesseau
75008 Paris

Clover
5, rue Perronet
75007 Paris

Clover Grill
6, rue Bailleul
75001 Paris

Clover Shop
3, rue Perronet
75007 Paris

jeanfrancoispiege.com

REMERCIEMENTS

Je tiens à remercier vivement toute l'équipe d'Hachette Pratique,
en particulier Catherine Saunier-Talec, Céline Le Lamer,
qui me font confiance pour ce deuxième ouvrage ensemble…
Lisa Grall, pour son professionnalisme et sa bonne humeur lors
de nos séances photos et recettes.

Merci au photographe Nicolas Lobbestaël qui, avec son talent,
a su retranscrire au mieux mes souvenirs d'enfance et l'ambiance
gourmande et chaleureuse que je souhaitais pour ce livre
consacré aux desserts.

Merci à la styliste Mathilda Motte pour son goût si précis
et ces objets si fabuleux.

Merci à Maÿlis Le Reste pour son implication, son efficacité, son temps,
et sa précision tout au long de la réalisation de ce livre.

Merci à Marie Collet qui, au quotidien, fait un travail
remarquable à mes côtés pour écrire l'histoire sucrée
du Grand Restaurant.

Merci à toutes mes équipes du Grand Restaurant, du Clover,
Clover Grill et Clover Shop qui font un travail exceptionnel
pour le plus grand plaisir de nos clients.

Et enfin merci à mon épouse Élodie et à mon fils Antoine
d'exister, de me soutenir au quotidien.
Ils sont à eux deux des sources d'inspiration infinies.

SHOPPING

Saulaie : www.saulaie.com
Dior : www.dior.com
Raynaud : www.raynaud.fr
La Maison d'Annie : www.lamaisondannie.fr
Roches & Pierres : www.rochesetpierres.com

58, rue Jean Bleuzen – CS 70007 – 92178 Vanves Cedex

Pour l'éditeur, le principe est d'utiliser des papiers composés de fibres naturelles, renouvelables, recyclables et fabriqués à partir de bois issus de forêts qui adoptent un système d'aménagement durable. En outre, l'éditeur attend de ses fournisseurs de papier qu'ils s'inscrivent dans une démarche de certification environnementale reconnue.

Direction : Catherine Saunier-Talec
Responsable éditoriale : Céline Le Lamer
Responsable de projet : Lisa Grall
Responsable artistique : Antoine Béon
Conception intérieure : Nicolas Gallois
Mise en page : IDT et SKGD-Création
Préparation de copie : Élisabeth Boyer
Relecture : Charlotte Müller
Fabrication : Amélie Latsch
Partenariats : Sophie Morier
(smorier@hachette-livre.fr)

Dépôt légal : septembre 2017
62-9776-4 / 01

ISBN : 978-2-01-625808-8
Imprimé en Espagne par Cayfosa

facebook.com/hachettecuisine

www.hachette-pratique.com

PAPIER À BASE DE FIBRES CERTIFIÉES

hachette s'engage pour l'environnement en réduisant l'empreinte carbone de ses livres. Celle de cet exemplaire est de :
2,194 kg éq. CO_2
Rendez-vous sur www.hachette-durable.fr